LE GUIDE DU JEUNE PÈRE

DU MÊME AUTEUR
CHEZ POCKET

LE GUIDE DU JEUNE PÈRE
LE GUIDE DU TOUJOURS JEUNE PÈRE

PIERRE ANTILOGUS
JEAN-LOUIS FESTJENS

LE GUIDE DU JEUNE PÈRE

Illustrations de Nathalie Jomard

MICHEL LAFON

MIXTE
Papier issu de
sources responsables
FSC® C003309

Pocket, une marque d'Univers Poche,
est un éditeur qui s'engage pour la
préservation de son environnement et
qui utilise du papier fabriqué à partir
de bois provenant de forêts gérées de
manière responsable.

ISBN : 978-2-266-22111-5

À nos épouses

REMERCIEMENTS

Le présent ouvrage n'aurait pu voir le jour sans les remarquables travaux du Dr Hermann Paull. Humaniste, homme de science et d'esprit, obstétricien distingué, Herr Doktor Paull fut trop tôt arraché à l'affection du peuple allemand par l'intrusion d'une bombe incendiaire de six cents livres *made in Britain* dans les sous-sols de sa clinique surpeuplée, le 6 octobre 1944 à Karlsruhe[1].

Par chance, son œuvre maîtresse, *La Femme, un traité complet d'initiation*, a pu être sauvée des flammes. Nous y avons puisé largement.

1. Authentique.

REMERCIEMENTS

[illegible]

[illegible]

L'Auteur.

SOMMAIRE

REMERCIEMENTS 9

Introduction
QUATRE QUESTIONS PRÉALABLES
À L'USAGE DES JEUNES PÈRES DÉBUTANTS 19

Première partie

LE FUTUR JEUNE PÈRE

Chapitre 1
PREMIER MOIS – L'ANNONCE FAITE AU MARI 29

Chapitre 2
DEUXIÈME MOIS – LE TEMPS DES ENVIES 36

Chapitre 3
TROISIÈME MOIS – LE MODE D'ACCOUCHEMENT 45

Chapitre 4
QUATRIÈME MOIS – UNE EXPÉRIENCE TRAUMATISANTE : L'ÉCHOGRAPHIE 53

Chapitre 5
CINQUIÈME MOIS – HÔPITAL OU CLINIQUE ? 60

Chapitre 6
SIXIÈME MOIS – CHÉRI, IL A BOUGÉ ! 67

Chapitre 7
SEPTIÈME MOIS – LE CHOIX DU PRÉNOM 72

Chapitre 8
HUITIÈME MOIS –
ÊTES-VOUS PRÊTS, MESSIEURS ? 80

Chapitre 9
NEUVIÈME MOIS – CHAMBRE ET MATÉRIEL 84

Deuxième partie

L'ACCOUCHEMENT,
UNE ÉTAPE ESSENTIELLE VERS LA PATERNITÉ

Chapitre 10
LE JOUR J 97

Chapitre 11
Y ASSISTER OU PAS ? 104

Chapitre 12
COMMENT SE COMPORTER
EN SALLE DE TRAVAIL 111

Chapitre 13
LES CAS EXTRÊMES 120

Chapitre 14
LA PREMIÈRE CORVÉE 125

Chapitre 15
LE PROTOCOLE DES VISITES 131

Chapitre 16
IL A LE NEZ DE TONTON GEORGES ! 137

Chapitre 17
LE FAIRE-PART :
RENOUONS AVEC UNE CHIC VIEILLE TRADITION............ 143

Chapitre 18
LA DÉPRIME POSTNATALE DU JEUNE PÈRE..................... 153

Troisième partie

DE UN JOUR À SIX MOIS

Chapitre 19
LES SIX SEMAINES TRAGIQUES 167

Chapitre 20
BÉBÉ BOBO... 180

Chapitre 21
JEU DU NOURRISSON ENDORMI.. 189

Chapitre 22
LA TRAVERSÉE DU DÉSERT.. 193

Chapitre 23
AUTOUR DU BERCEAU –
FAUNE ET FLORE DE LA CHAMBRE DE BÉBÉ 199

Chapitre 24
L'HUMOUR BÉBÉ.. 202

Chapitre 25
LES 12 QUESTIONS QUI REVIENNENT TOUJOURS........... 207

Chapitre 26
AUJOURD'HUI, C'EST DIMANCHE 212

Quatrième partie

DE SIX À DIX-HUIT MOIS

Chapitre 27
BÉBÉ S'AGITE 227

Chapitre 28
APPRENEZ VOUS-MÊME LA MARCHE À BÉBÉ
EN DIX LEÇONS 231

Chapitre 29
LES DANGERS DE LA MAISON 236

Chapitre 30
QUE FAIRE DE BÉBÉ
PENDANT QUE VOUS ÊTES AU BUREAU? 247

Chapitre 31
INCISIVES, PRÉMOLAIRES ET COMPAGNIE 256

Chapitre 32
BRUITS DE BOUCHE 261

Cinquième partie

DE DIX-HUIT À TRENTE MOIS

Chapitre 33
VERS UN DIALOGUE CONSTRUCTIF 273

Chapitre 34
AUTOUR DU POT 280

Chapitre 35
BÉBÉ BOUQUINE 285

Chapitre 36
BÉBÉ JOUE 290

Chapitre 37
BÉBÉ ET LA TECHNOLOGIE 296

Chapitre 39
BÉBÉ DESSINE 299

Chapitre 38
QUELQUES SAINS PRINCIPES D'ÉDUCATION 303

Chapitre 40
FAUT-IL EN FAIRE UN AUTRE ? 308

Sixième partie

DE TRENTE MOIS À TRENTE ANS

La paternité est source de joies ineffables, c'est une chose entendue. Personne ne vous dira le contraire. Surtout pas nous, oh non !
La paternité, source de joies ineffables, est en outre à la portée de tous les hommes, si l'on excepte les impuissants, les eunuques, les chancres mous et autres syphilitiques au dernier stade, mais toute cette bande mérite-t-elle vraiment le nom d'homme ? Franchement ? Ce serait trop facile, alors quoi.
La paternité, qui est donc – on ne le répétera jamais assez – une source de joies ineffables, est aussi le but suprême de toute existence masculine, son couronnement. Est-ce donc à dire que tout va pour le mieux dans le meilleur des mondes, qu'il n'y a pas le moindre souk dans la casbah ? Ce serait mentir, hélas. Car pour atteindre aux joies ineffables dont la paternité est source, le fait est qu'il faut avoir un enfant.
Préalable obligé. Nécessité de la vie. Tour de cochon du destin, qui explique amplement pourquoi nombre de jeunes gens, fort corrects au demeurant, renoncent au bonheur sacré d'être pères.
Car l'enfant fait peur.
On l'a vu chez les autres, on l'a bien observé tandis qu'il gesticulait en hurlant, on a eu envie de le gifler et on s'est dit que pour rien au monde on n'en voudrait un à soi. Comme c'est bête !
Ce livre s'est fixé pour tâche essentielle de faire tomber toutes les préventions, de désarmer tous les préjugés hostiles à la prime enfance, de galvaniser les énergies mollassonnes et de repeupler le territoire ancestral, bref, de faire de chaque Français le plus heureux, le mieux armé, le mieux averti des papas.
N'est-ce pas un but extrêmement noble pour un ouvrage somme toute fort bon marché ?

Introduction[1]

QUATRE QUESTIONS PRÉALABLES À L'USAGE DES JEUNES PÈRES DÉBUTANTS

1. Avec qui faire un enfant ?

Avec une femme. De préférence la sienne. Si vous n'en avez pas, trouvez-en une, il y en a absolument partout. Choisissez-la robuste, avec des hanches larges, les seins gros et des dents saines.

L'idéal serait que vous puissiez, en outre, éprouver pour cette créature un quelconque sentiment d'amour, de tendresse, d'affection, de franche camaraderie ou même de compassion attristée. À défaut de tout cela, une copieuse attirance charnelle serait bienvenue.

Nos lecteurs les plus prompts à s'affoler – nous les saluons cordialement au passage – ne manqueront pas

1. L'emploi d'un terme aussi cru, quand il s'agit justement de faire des enfants, risque de heurter ceux de nos lecteurs qui ont l'esprit spécialement mal placé. Nous leur adressons néanmoins nos plus déférentes salutations.

de s'effrayer à l'idée de devoir partager de façon durable l'existence d'une femme, fût-ce pour connaître avec elle – grâce à elle – les joies ineffables de la paternité. Nous les comprenons parfaitement. Ils pressentent tout ce que la vie conjugale suppose d'intimité, et comment cette intimité tournera vite à la promiscuité, et comment de la promiscuité on passera sans traîner à la vulgarité la plus infâme. Certes. Évidemment. Eh oui ! Puissent-ils trouver quelque réconfort en songeant que l'institution familiale apporte un cadre institutionnel aux parties de jambes en l'air les plus tsoin-tsoin ! De plus, la mère a, nous dit-on, un certain rôle à jouer lorsque l'enfant vient au monde ; sa présence semble même s'avérer utile, dans les débuts surtout.

2. Comment faire un enfant ?

Qu'on ne compte pas sur nous pour nous complaire dans l'exposé détaillé de cochonneries innommables. On nc trouvera ici ni catalogue de positions scabreuses, ni descriptions épatantes d'actes à peine plus tolérables, ni même de ces coupes longitudinales d'organes plus ou moins voués à la copulation.

Nous voulons croire que même nos lecteurs les plus candides – qu'ils soient assurés de toute notre considération – n'ignorent pas totalement comment on s'y prend pour transmettre la vie.

À toutes fins utiles, rappelons pour mémoire les diverses procédures proposées à l'usager :

– la fécondation *in vitro*,
– l'adoption,
– les mères porteuses,

– le clonage,
– l'hybridation cellulaire,
– la méthode naturelle.

Cette dernière, quoique passablement crapoteuse, retiendra sans doute l'attention de nos lecteurs les plus rapiats – qu'ils reçoivent ici l'expression de nos meilleurs sentiments –, puisqu'elle présente l'avantage de ne pas coûter une thune.

Le mode opératoire tient à la fois du catch, de la reptation et du *full body contact* ; c'est une sorte de friction générale, énergique et soutenue des épidermes, qui requiert la mise en œuvre massive et déterminée d'organes situés dans les zones les plus inavouables du corps (en bas). Pour mémoire, citons le bistouquet, la zigounette, les castagnettes.

LA VISION DU DR HERMANN PAULL

Lors de l'éjaculation, les spermatozoïdes libérés vont se livrer à une course de vitesse implacable, par centaines de mille, par millions, vers la cellule féminine, qui les attend placidement. C'est un élan irrésistible qui les entraîne, une volonté farouche qui leur montre la voie. Le premier arrivé va s'enfoncer dans la masse de l'ovule qui, accomplissant son destin, aura tendu à sa rencontre sa protubérance d'accueil.

3. Quel genre d'enfant avoir ?

Il paraît qu'on peut aujourd'hui choisir le sexe de son enfant. Certains médecins affirment en effet que la nature des aliments ingurgités par une femme enceinte influe de façon décisive sur le genre du bébé qu'elle porte[1].

En gros, et pour résumer l'affaire :

– Produits salés = garçon.

– Produits lactés = fille.

– Produits épicés = hémorroïdes.

Nos lecteurs les plus désireux d'engendrer un héritier mâle – puisse le Ciel leur accorder une existence de miel – ou, au contraire, souhaitant à tout prix une fille (et comment leur en vouloir ?) contraindront sans doute leur compagne à tenter l'expérience. Pourquoi pas ? Ils n'auront après tout qu'une chance sur deux d'être déçus.

Nous estimons pour notre part qu'il vaut mieux s'en tenir à l'antique sagesse de l'ignorance et accepter benoîtement de recevoir ce que la Providence envoie. En vérité, chaque sexe a ses mérites : la fillette est renfrognée, pipelette, jalouse, elle chante d'une voix de crécelle insoutenable les tubes de Lady Gaga et vous dévisage en coin ; le garçonnet est boudeur, violent, menteur, il saute partout en hurlant et lance des objets à la tête des gens, tel un pénible bonobo. Avec l'une comme avec l'autre, vous êtes assuré dc passer du bon temps.

Enfin, que vous ayez une fille ou un garçon, le résultat sera exactement le même, de notre point de vue : vous serez devenu père.

N'est-ce pas là tout ce qui compte ?

---

1. Attention ! Nous ne voulons parler ici que du genre féminin ou du genre masculin. Pour les autres genres (genre bon chic, genre rasta défoncé, genre connard, etc.), l'atavisme et l'éducation restent déterminants.

4. Pourquoi avoir un enfant ?

Parce que la paternité est une source de joies ineffables. Faut suivre, tout de même.

Première partie

LE FUTUR JEUNE PÈRE

Une femme enceinte
est plus enceinte que femme.
Ramjrandi Sar

La grossesse est une épreuve assez pénible pour le futur jeune père ; il lui faut supporter une compagne toute chamboulée, nauséeuse parfois, acariâtre souvent, bouffie toujours. Et sous le seul prétexte que son ventre s'arrondit, cette femme se trouve être soudain le centre du monde ; toutes les attentions convergent vers elle, on l'entoure, on la chérit, on lui prépare des jus d'orange qu'elle refuse d'avaler parce qu'elle a mal au cœur. Et pendant ce temps, qui se préoccupe du mari, de sa santé, de ses états de nerfs, de ses pensées et de ses angoisses ? Personne, évidemment.

Rude moment, rôle ingrat, et l'on se prend à songer à ces malheureux faux bourdons lâchement déchiquetés dans le secret bruissant des ruches, dès qu'ils ont terminé d'engrosser la reine. La reine des abeilles, bien sûr. À moins que ce ne soit le sort du mâle de la mante religieuse, ou peut-être du criquet-pizza du Haut-Mali, on ne sait plus. De toute façon, voilà les choses auxquelles on en arrive à penser, et ce n'est pas gai du tout.

Courage, lecteur ami ! Cette sombre période n'aura qu'un temps. Neuf mois tout de même, rappelons-le. Neuf mois pendant lesquels vous devrez tenir le coup, et qui tous vous apporteront leur lot d'événements à affronter, de décisions à prendre, de préparatifs à assumer d'urgence. Ce formidable parcours d'obstacles, nous allons le franchir ensemble.

Le compte à rebours est engagé…

Chapitre 1
PREMIER MOIS – L'ANNONCE FAITE AU MARI

C'est toujours au moment où vous vous y attendez le moins, et de préférence pendant un match de foot, que votre épouse vient vous assener la nouvelle. Attention ! Ne vous laissez pas surprendre, votre réponse constituera vos premières paroles de jeune père. Pas d'impair, donc.

Constamment en éveil depuis l'instant même de la fécondation, l'homme averti[1] saura percevoir d'emblée la gravité de la situation et réagir en conséquence, par exemple en acceptant de regarder la fin du match en différé une fois la crise passée. De toute façon, les Bleus vont perdre. Ou faire la grève. Alors…

Il n'est pas toujours facile de déceler dès les premiers mots de madame l'ébauche d'un aveu de grossesse. Heureusement, petit veinard, ce guide a prévu la situation et vous propose ce *tableau des annonces*, qui devrait vous permettre de réagir comme un gentleman à la grande nouvelle, et aussi de découvrir dès ce premier mois quel type de mère s'occupera à l'avenir de vos enfants.

1. N'oublions jamais que si un homme averti en vaut deux, une femme enceinte en vaut quatre.

TABLEAU DES ANNONCES

Son attitude	Sa première phrase	Sa deuxième phrase	Votre moitié est
Elle vous saute au cou dès que vous rentrez du boulot.	– J'ai une grande nouvelle à t'annoncer !	– Nous l'appellerons Blaise.	Une exaltée.
Elle vous caresse la nuque pendant que vous regardez le match.	– Chérimichounet joli ?	– C'est drôle, j'ai comme une envie de fraises…	Une mère-enfant.
Elle fume comme un sapeur.	– C'est une catastrophe !	– J'ai quinze jours de retard.	Une angoissée.
Elle arrache votre cigarette de vos lèvres.	– Je n'arrive pas à te comprendre, Damien.	– Dans mon état, tu pourrais tout de même t'abstenir de fumer !	Une chieuse.
Elle consulte son agenda et un calendrier posé à côté d'elle.	– Il faut que je te parle, Florian.	– Je suis presque sûre qu'il est de toi.	Une femme libre qui assume pleinement sa sexualité[1].
Elle est assise dans la cuisine, les yeux fixés sur un test de grossesse.	– C'est vous, docteur ?	– Ne reste pas là à ne rien faire, empoté ! Passe-moi le thermomètre !	Une malade.

1. Pas de bol, vieux.

L'exaltée considère que la terre doit immédiatement s'arrêter de tourner, ou alors tourner exclusivement autour d'elle. Enclin, dans les premiers temps, à considérer d'un œil bienveillant son enthousiasme après tout justifié – ne porte-t-elle pas votre enfant ? –, vous vous apercevrez rapidement que le conjoint d'une *exaltée* ne joue à ses yeux qu'un rôle secondaire dans le film des événements. Un type genre prince Charles. Ou Helmut Merkel[1]. Si ces neuf mois vous paraissent pénibles, tranquillisez-vous en vous disant que ce n'est rien en comparaison de ce qui vous attend au moment de l'accouchement.

1. Nous ne sommes même pas sûrs que le mari d'Angela Merkel s'appelle Helmut. C'est dire à quel point le pauvre zigue occupe une place secondaire. *Ach*, gross malheur !

La mère-enfant a, plus que jamais, besoin d'être maternée. Alors qu'elle n'était encore qu'une femme-enfant, elle passait déjà le plus clair de son temps blottie contre votre épaule de granit. Ça ne va pas s'arranger. Faites de la muscu. Demandez-lui de changer d'épaule tous les mois.

L'angoissée n'est pas toujours très heureuse de porter votre enfant. Soit parce que son travail passe avant tout, soit parce que votre tête ne lui revient finalement pas, soit parce que, tout bien considéré, elle déteste les enfants. Quoi qu'il en soit, l'angoissée peut assez facilement changer de catégorie et devenir une *chieuse*.

La chieuse est une sorte d'*exaltée* qui aurait mal tourné. Tout comme cette dernière, elle est ravie d'attendre un enfant, non pas parce qu'elle en avait particulièrement envie, mais parce que ça lui donne une bonne raison de vous emmerder. Rassurez-vous : vous n'en avez que pour neuf mois. Après, c'est surtout votre rejeton qui prendra.

La femme libre est parfois une bonne mère, rarement une bonne épouse. Grâce à elle, vous pourrez néanmoins ajouter à votre statut de cocu celui de jeune père. Ou du moins de jeune pèrc présumé.

La malade n'est pas enceinte mais souffrante. Dans les mois qui vont suivre, le déficit record de la Sécurité sociale va encore s'aggraver, et tous les sophrologues, psychologues et autres charlatans du quartier vont faire fortune. Les choses se calmeront un peu vers le sixième mois, date à laquelle votre moitié décidera de garder la chambre. Acupuncteurs, ostéopathes et autres rigolos vont affluer dans le gourbi.

Comment leur répondre ?

Bonne question. Rien de plus dangereux, en effet, que de rater cette première réponse, qui marquera aux yeux de votre compagne votre accession au rang envié de *pater familias*. Pour parer à toute éventualité, apprenez par cœur les six réponses types proposées ci-dessous. Dès que vous aurez identifié la catégorie de mère à laquelle vous avez affaire, servez-lui la riposte adaptée à son cas. Succès garanti.

• **C'est une exaltée.** Restez sans voix durant trois bonnes secondes (ce qui vous permettra d'ailleurs de vous souvenir de votre texte), puis étreignez-la et faites-la tourner dans les airs au ralenti, sur un air de Mozart (l'opéra-rock).

Dites : « Chérie, c'est... C'est merveilleux. Je n'ose y croire. C'est trop beau ! »

Ne dites pas : « Moi aussi, chérie, j'ai une grande nouvelle à t'annoncer. J'ai réussi à trouver deux places pour PSG-OM, demain soir au Stade de France ! »

• **C'est une mère-enfant.** Serrez-la contre vous et attendez qu'elle ait fini de vous bizouiller.

Dites : « Un bébé ! Un bébé avec toi ! C'est formidable, mon bébé ! »

Ne dites pas : « Il faut absolument que j'annonce tout de suite ça à ma mère ! »

• **C'est une angoissée.** Plissez le front et faites semblant de réfléchir. Crispez la mâchoire comme John Wayne dans *Rio Lobo* (la scène du tomawak), puis tournez-vous lentement vers elle, en ébauchant un sourire confiant.

Dites : « Ce sera dur, mais nous y arriverons, mon amour. »

Ne dites pas : « C'est effectivement une catastrophe. J'me tire ! »

• **C'est une chieuse.** Installez-vous dans le salon, assis côte à côte sur le canapé. Prenez-lui les deux mains et regardez-la avec un habile mélange d'admiration et d'adoration pure.

Dites : « Dois-je comprendre que… Raconte-moi tout, vite ! »

Ne dites pas : « Ah bon, tu es enceinte ? Ma pauvre fille, tu n'es pas la première à qui ça arrive, tu sais… »

• **C'est une femme libre.** Sans marquer le moindre temps d'hésitation, adoptez le comportement du conjoint d'une exaltée.

Dites : « Bien sûr qu'il est de moi ! Nous autres, les jeunes pères, sentons ce genre de chose. Je l'aime déjà, ce petit. »

Ne dites pas : « C'est extraordinaire, tout de même, les progrès de la science. Depuis ma vasectomie, je ne pensais pas avoir le bonheur d'être un jour papa. »

• **C'est une malade.** Saisissez-la doucement par les avant-bras et conduisez-la jusqu'au plus proche fauteuil. Faites la cuisine, débarrassez, lavez la vaisselle et descendez la poubelle. Ou alors bouclez vos valises et réapparaissez dans neuf mois environ. Tout autre comportement risque fort de transformer la malade en chieuse.

Dites : « Non, ne bouge pas, chérie. Dans ton état, ce ne serait pas raisonnable. »

Ne dites pas : « Mes pantoufles, feignasse ! »

LA CONCLUSION DU DR HERMANN PAULL

Il est absolument irrationnel de parler d'une «infériorité» féminine, et c'est le même irrationalisme qui a engendré la superficielle considération selon laquelle la femme est «naturellement» menteuse, amorale et mineure d'esprit.

LE HOCHEMENT DE TÊTE DES AUTEURS

Bien parlé, Hermann.

Chapitre 2

DEUXIÈME MOIS – LE TEMPS DES ENVIES

Les envies de la femme enceinte sont au nombre de sept. Comme les nains. Comme les piliers de la sagesse. Comme les douze salopards. Il importe de les connaître si l'on tient un tant soit peu à la paix de son ménage et, par conséquent, à sa propre quiétude.

1. L'envie de vomir

Chez bien des femmes en début de grossesse, le seul fumet d'un petit plat bien mitonné suffit à provoquer des malaises, des nausées, et souvent pire. On les voit qui repoussent avec dégoût le copieux gratin qu'elles affectionnent d'ordinaire, qui sortent de table comme des fusées, qui oscillent entre cuisine et salle de bains, pâles, tremblantes, misérables. Spectacle bien fait pour nous couper l'appétit, messieurs. Ah, merci !

Votre attitude. Restez serein. Pour pénibles et déplacées qu'elles soient, ces manifestations ne sont pas le signe d'une mauvaise éducation. Feignez si possible de ne rien remarquer, mais abstenez-vous de consommer des mets répugnants (abats, fromages puants, etc.) sous les yeux de votre compagne. Ne vous empiffrez pas comme un porc en sa présence et, surtout, évitez d'avoir les lèvres luisantes et du gras au menton.

2. L'envie pressante entre toutes

Un autre phénomène naturel, inévitable, qui ne fera que s'accentuer avec le temps. La future jeune mère consacre le meilleur de son énergie vitale à vidanger son organisme boursouflé. Cela n'a rien d'étonnant. Mettez-vous un instant à sa place : le bébé s'accroît dans son ventre, elle en a les intérieurs tout comprimés, la tête du garnement s'appuie bientôt sur la vessie comme sur un oreiller douillet ; il y a gonflement, nécessité d'évacuer le trop-plein à un rythme accéléré. N'oublions jamais, comme l'a dit le poète, que la femme est un « monceau d'entrailles ».

Votre attitude. Bienveillante. En voiture, arrêtez-vous à chaque demande, et tant pis pour votre moyenne. Dites-vous simplement que l'enfant a commencé de gonfler sa mère et que ce n'est pas près de finir.

3. L'envie d'être dorlotée

Ce n'est jamais sans un certain effroi – bien compréhensible – que la femme enceinte voit son corps se transformer au fil des semaines ; elle en arrive à douter de sa féminité, de son pouvoir de séduction. En conséquence, elle fait sa sucrée, elle a tout le temps besoin d'être rassurée, elle est avide de tendresse. Ce qui ne signifie nullement, messieurs, qu'il faille lui sauter dessus à tout bout de champ. Loin de là. Même si la grossesse lui donne de chouettes gros nibards.

Les rapports conjugaux sont-ils d'ailleurs permis en période de grossesse ? Les médecins s'accordent à répondre par l'affirmative, allant même jusqu'à dire que la règle en la matière tient dans ces seuls deux mots : liberté absolue. Ces mêmes médecins conseillent néanmoins l'abstention totale au cours des premiers mois (risque de fausse couche) et également durant les derniers mois (danger de fièvre puerpérale). C'est donc à mi-course – sauf contre-indication – qu'on s'efforcera de placer quelques étreintes pas trop violentes.

VOTRE ATTITUDE. Irréprochable. Celle d'un gentleman. Il va de soi que tout homme quelque peu sensible n'aura aucun mal à contenir son instinct.

Si vous n'êtes pas un homme quelque peu sensible, faites pour le mieux.

LE CONSEIL DU DR HERMANN PAULL

La posture ventrale est vivement recommandée. Les deux partenaires sont couchés sur la face abdominale. La femme plie les hanches et tient les cuisses serrées. Avantage : la variation préférée d'une femme expérimentée, moins fatigante que la posture normale. Inconvénient : la femme novice ou froide risque de rester insatisfaite.

LE LÉGER DOUTE DES AUTEURS

Doit-elle vraiment serrer les cuisses ?

4. L'envie de pleurer

On a souvent coutume, au cinéma, à la télévision, dans les pubs de lessive, de représenter la future jeune maman sous les traits d'une lionne épanouie, étourdissante de dynamisme, de fraîcheur, entraînant toute une maisonnée dans un tourbillon de rires et de bonne humeur, avec des chants joyeux dans toutes les pièces. La réalité – sachez-le – peut être différente.

En fait, il y a une assez grande probabilité pour que vous soyez confronté à une femme un peu perplexe, en proie au doute, frappée de mélancolie. À certains moments, sans que rien n'annonce la crise, vous verrez sa bouche s'affaisser, ses mâchoires se contracter et ses yeux magnifiques s'emplir de larmes.

Votre attitude. Soyez gai. Ne montrez pas votre agacement. Si votre compagne est au bord du désespoir, vous n'y êtes pour rien. Vous n'êtes pas en cause. Mais non. Son comportement n'est pas dirigé contre vous.

Au cas où vous auriez de bonnes raisons de penser le contraire, ne dramatisez pas. Raisonnez-la.

Ou collez-lui deux tartes dans la poire.

5. L'envie de fumer

Si votre conjointe n'était pas une fumeuse avant de tomber enceinte, elle n'a aucune raison de le devenir après ; en revanche, si elle l'était, on peut imaginer qu'elle continuera de l'être, même si elle s'efforce vaillamment de réduire sa consommation de cigarettes.

Tout cela est désolant. Le tabac nuit au bon développement du fœtus. À terme, le danger est de voir naître un enfant plus petit que la moyenne.

VOTRE ATTITUDE. Prenez la chose avec philosophie. Les gringalets réussissent aussi bien que les autres. Le Dr Hermann Paull en fut la preuve (1,38 mètre).

6. L'envie de dépenses ruineuses

C'est le grand classique du genre, ce à quoi l'on pense traditionnellement dès qu'on évoque les fameuses « envies » de la femme enceinte. Il est admis, en effet, que celle-ci puisse éprouver brusquement des désirs impérieux et stupides, que son mari doit bien entendu satisfaire sur-le-champ s'il ne veut pas qu'elle se rende malade et que la santé du bébé soit compromise.

Que réclamera-t-elle ? Généralement du homard, des truffes, du caviar, des chaussures Louboutin, une rivière de diamants et tout le toutim. Évidemment, on ne saurait trouver le moindre début de fondement scientifique à cet étalage de caprices éhontés.

VOTRE ATTITUDE. Réservée. Une succession de refus catégoriques, même courtois, risquerait de vous déconsidérer dans l'esprit de votre épouse et surtout de vous faire passer pour un rapiat aux yeux de vos amis, ce qui n'est jamais recommandé, sauf lorsqu'on vit, tel le regretté abbé Pierre, entouré de fichus tapeurs.

Alors, faut-il dire oui, céder en bloc aux folles exigences de madame ? Cela équivaudrait pour vous à ne plus décoller de chez Fauchon, de chez Lagerfeld, de chez Van Cleef & Arpels ; votre grand cœur ne s'en effraierait point, certes, mais votre portefeuille d'employé subalterne n'y résisterait pas. Ne dites pas le contraire. Nous savons très bien que, si vous aviez du pognon, vous ne seriez pas en train de lire ce livre lamentable, mais un autre, beaucoup mieux écrit, et par des auteurs de talent. Mais si ! Allons donc !

La bonne solution – la nôtre – consistera à orienter les « envies » de votre conjointe vers des objets plus en rapport avec vos moyens. Avec tact, bien sûr. Avec chevalerie. Vous y parviendrez à l'aide de courtes phrases incitatives, lâchées de temps à autre, l'air de rien.

Exemples :

- « Hum, regarde comme cette Mousline a l'air exquise, ma chérie ! »
- « Les pâtes sont délicieuses en cette saison. Si on s'en faisait une plâtrée ? »
- « Le riz avec le pain, Louloutte, je t'assure qu'il n'y a pas meilleur pour le teint. »

Enfin, ami lecteur, songez que, si l'on fait grand cas des désirs de madame, on néglige absolument les vôtres. C'est injuste. Le futur papa a lui aussi des envies intenses, légitimes et incompressibles. Il rêve d'un monospace suréquipé pour promener sa petite famille, d'une télé grand écran mieux adaptée à ses responsabilités nouvelles, d'un séjour de détente aux Maldives.

C'EST INCROYABLE CETTE VOGUE DU CHEMISIER IMPRIMÉ 100% POLYAMIDE ! SAIS-TU QU'ON SE LES ARRACHE AU MONOP' D'À CÔTÉ ?
10000

À ce futur papa-là, nous conseillons vivement de s'offrir sans complexe ces plaisirs innocents et bien mérités. S'il ne prend pas soin de sa personne, qui le fera à sa place ? Hein, qui ?

Au diable l'avarice, ce n'est pas tous les jours qu'on attend un enfant !

7. L'envie de vous étrangler

Mal fichue, mal dans sa peau, déformée de partout, cafardeuse, rongée d'anxiété à la pensée de l'accouchement (une boucherie !), frustrée à plus d'un titre, la future maman peut en arriver à développer une certaine agressivité envers son infortuné compagnon.

Avec une logique toute féminine, elle va le tenir pour responsable de son état, lui en vouloir, et peut-être tenter de se livrer sur lui à des voies de fait qu'elle sera ensuite la première à regretter.

Votre attitude. Esquives et feintes. Votre femme n'est pas une ennemie, mais évitez de lui tourner le dos dans les moments de tension, singulièrement si vous vous trouvez avec elle dans une pièce fournie en tisonniers, en presse-papiers ou en pesantes statuettes africaines.

Pour en finir avec une superstition ridicule

Il est une légende de nourrice particulièrement répandue entre les femmes : c'est celle des « rencontres ».
On dit que si une femme enceinte aperçoit soudain un animal, par exemple un chien, un lièvre, un cochon, un crocodile, un ornithorynque, ou est effrayée par le même animal, son enfant présentera des particularités physiques qui le rapprocheront du bestiau susdit. Qu'un caniche saute brusquement devant elle, et le fils aura un museau de clébard ; ce sera un groin si elle a été effrayée par un porc, un bec-de-lièvre si c'est l'un de ces charmants rongeurs qui a subitement traversé la route entre ses pieds.
Il va de soi que toutes ces croyances sont des histoires de fou.
Ouah ! ouah !

Chapitre 3

TROISIÈME MOIS – LE MODE D'ACCOUCHEMENT

Si l'on se réfère aux quelques milliards d'accouchements effectués par des femmes depuis l'aube des temps, il est frappant de constater que tous les témoignages s'accordent sur un point : ça fait mal. D'aucuns pourraient objecter qu'en l'absence d'un cas d'accouchement masculin nous ne disposons pas d'éléments sérieux de comparaison, vu que les femmes sont notoirement douillettes. Nous leur répondrons que oui, bien sûr, mais que tout de même ça n'a pas l'air jouissif.

Dans un tel contexte, il serait indélicat, voire imprudent, de conseiller à votre épouse telle ou telle méthode d'accouchement. Si les choses se passent mal, la pauvre chère serait en droit de vous faire la gueule durant un certain laps de temps, ce qui pourrait nuire au développement affectif du nouveau-né.

Une seule règle donc : ne discutez pas.

Que votre femme veuille accoucher dans l'eau, sous péridurale, assise, debout, accroupie ou la tête en bas, c'est elle qui a raison !

Ne nous faites cependant pas dire ce que nous n'avons pas écrit : ce n'est pas parce que vous devrez être d'accord avec votre femme, quoi qu'elle ait inventé, que vous pourrez vous dispenser de ces heures entières de discussions qui lui font tant plaisir. Une bonne fois pour toutes, dites-vous que votre douce moitié n'a plus qu'une seule chose en tête : son accouchement. C'est une idée fixe.

Quoiqu'une future parturiente – surtout lorsqu'elle est primipare – ait une nette tendance au monologue, il peut arriver que votre épouse vous demande votre avis. C'est dans cette éventualité – rare, mais d'autant plus surprenante – que nous vous proposons ce petit…

Mémento des modes d'accouchement qui devrait vous permettre de faire face à toutes les situations

Pour plus de commodité, nous avons fait figurer en regard de chaque titre un certain nombre de symboles qui permettront au futur jeune père de se remémorer d'un simple coup d'œil les avantages et les inconvénients de chaque idée à la noix de la future jeune mère.

AGRÉMENT POUR LA FUTURE JEUNE MÈRE

SUJET DE CONVERSATION

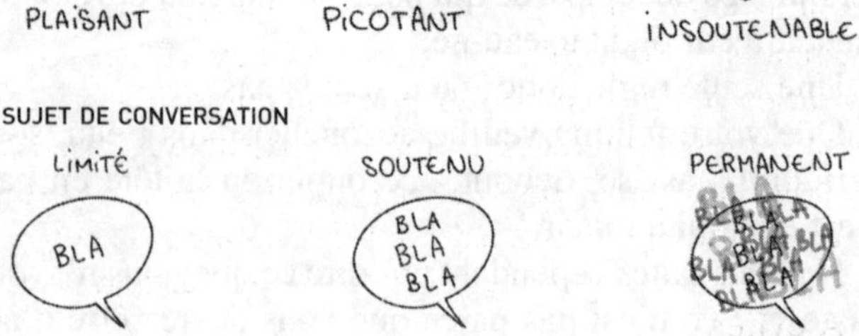

AGRÉMENT POUR LE FUTUR JEUNE PÈRE ASSISTANT À L'ÉVÉNEMENT

L'accouchement « à la catho » :

« Tu enfanteras dans la douleur », a dit le Verbe, qui ce jour-là aurait mieux fait de se taire, soit dit entre nous. Respectueux des Saintes Écritures, les adeptes de l'accouchement « à la catho » sont partisans de laisser faire la nature, voire de gifler la future jeune mère ou de la pincer jusqu'au sang si elle ne souffre pas assez. Cette méthode, assez éprouvante pour les nerfs et les tympans du futur jeune père, présente certes quelques avantages financiers – économies d'anesthésiques, de fleurs, de sucreries ou de tout ce qui pourrait rendre l'accouchement moins désagréable – mais ne laisse que rarement de bons souvenirs, sauf aux jeunes couples qui passent ordinairement leurs samedis soir à s'habiller de cuir et à se fouetter jusqu'au sang en écoutant du Patricia Kaas.

À éviter.

L'accouchement sans douleur :

Vraisemblablement inventée outre-Manche, cette manifestation douteuse du fameux « humour britannique » dont on nous rebat les oreilles continue à berner aujourd'hui encore quelques nigaudes persuadées de ne rien sentir durant l'accouchement si elles s'appliquent à haleter comme des petits chiens. Mis à part l'avantage de faire bien rigoler les obstétriciens – ce qui les prédispose à s'occuper correctement du nouveau-né –, cette méthode ne présente – faut-il le dire ? – que peu d'intérêt, et ne se révèle efficace que dans 1,37 % des cas, au mieux.

D'un autre côté, les longues séances de préparation occupent madame, qui a l'impression de servir à quelque chose et qui, pendant ce temps-là, ne va pas au bistrot. C'est déjà ça.

Attention ! Nous mettons en garde les futurs jeunes pères contre les cours collectifs d'accouchement sans douleur, où certaines exaltées traînent de force leurs malheureux conjoints, obligés de se coucher sur un tapis de sol en mousse, vêtus d'un tee-shirt et d'un collant noirs, et de soulever le bassin en cadence tout en soufflant comme des phoques, sous l'œil sévère d'une prof de fitness recyclée. Soyez ferme, refusez. Vous auriez l'air d'un crétin.

L'accouchement dans l'eau :

Découverte par un savant fou est-allemand écarté du programme spatial Soyouz pour cause d'alcoolisme, cette méthode consiste à plonger la future jeune mère dans une piscine chauffée à 37 °C, de façon que l'enfant passe tranquillement d'un milieu aquatique à un autre et ne connaisse pas les terribles traumatismes des naissances « aériennes » que nous avons tous endurés et qui ont fait de nous ces déchets humains que nous sommes devenus. Louable intention, mais qui présente tout de même un inconvénient majeur : TÔT OU TARD, IL FAUDRA RETIRER LE BÉBÉ DE L'EAU !

L'accouchement sous péridurale :

Largement répandue aujourd'hui, mais souvent décriée par les partisans de l'accouchement « à la catho » et autres musulmans fanatiques, la péridurale permet d'anesthésier le bassin de la future jeune mère, laquelle, du coup, ne souffre pas le moins du monde en salle de travail. Surtout si elle s'évanouit à la vue de l'aiguille de 30 centimètres de long qu'une anesthésiste à l'œil dément s'apprête à lui enfoncer dans la colonne vertébrale.

Il est conseillé aux futurs jeunes pères sensibles de profiter du moment de la piqûre pour faire un tour dehors. Un évanouissement intempestif pourrait en effet fissurer votre image de marque auprès de votre épouse, ainsi que du personnel hospitalier.

La méthode soviétique :

Dans les années 50, à l'époque du regretté Bloc soviétique, les obstétriciens de la maternité de Leningrad (aujourd'hui Saint-Pétersbourg) ont procédé, sous les yeux du Dr Lamaze, à l'accouchement d'une femme « lucide, souriante et heureuse », selon les propres termes du bon docteur. Ce résultat est obtenu par « une préparation à l'événement basée sur les travaux de Pavlov, consistant à supprimer les réflexes conditionnés douloureux en créant des réflexes conditionnés utiles » *(sic)*. Le rapport du Dr Lamaze provoqua une vive émotion dans les milieux scientifiques occidentaux, peuplés de réactionnaires douillets. Après de longues recherches et une correspondance assidue avec une sage-femme de la maternité de Saint-Pétersbourg qui préfère malheureusement conserver l'anonymat, nous sommes aujourd'hui en mesure de révéler au public la nature de ce conditionnement pavlovien. Les lignes suivantes sont l'exacte transcription d'une bande enregistrée lors de l'accouchement, le 18 janvier 1951 :

DOCTOR VASSILI IVANOV. – Détendez-vous, Natacha Romanovna, tout ira bien…

NATACHA ROMANOVNA. – *Da*, camarade docteur. Mais ça fait très mal !

DOCTOR VASSILI IVANOV. – Pensez à autre chose et souriez, Natacha Romanovna. La médecine capitaliste guette le moindre signe de faiblesse !

NATACHA ROMANOVNA, *gémissant*. – Je n'y arrive pas, camarade docteur. J'ai trop mal !

VLADIMIR ROMANOV (le mari). – Peut-être pourrait-on l'anesthésier, hein, camarade docteur ?

COMMISSAIRE SERGUEI ZOUBLANSKI. – Gardes ! Emparez-vous de ce traître contre-révolutionnaire !

(Bruits divers sur la bande. Indéchiffrables.)

COMMISSAIRE SERGUEI ZOUBLANSKI. – Alors, Natacha Romanovna, tu es prête à coopérer, maintenant ?

NATACHA ROMANOVNA. – *Da*, camarade commissaire ! *Da !*

DOCTOR VASSILI IVANOV. – *Karacho !* Faites entrer ce dourak de Lamaze, le docteur français. Elle est prête, maintenant !

Ah, l'époque était rude, mais ô combien exaltante !

L'accouchement acrobatique :

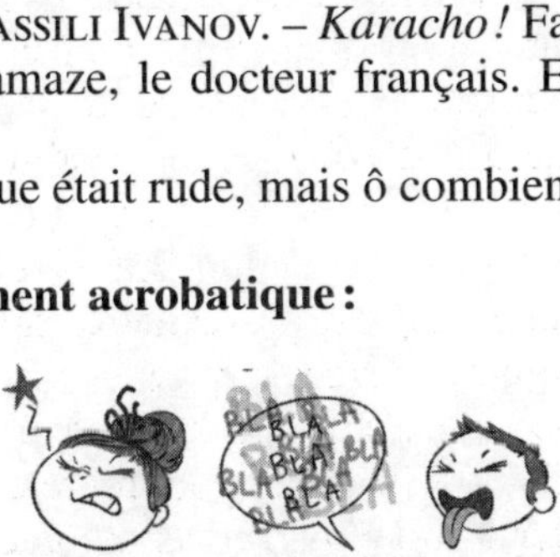

Nous avons réuni sous cet intitulé plaisant toutes les lubies folklorico-gymniques qui peuvent traverser l'esprit d'une future jeune mère influencée par ses lectures ou soirées télé du moment. Une soirée à regarder *Koh-Lanta* et hop, elle décide d'accoucher accroupie, à la manière des Indiennes Tchechacoatl d'Amazonie inférieure. Un reportage dans *Ushuaïa Hebdo* et c'est à genoux, comme les femmes des îles Tiki Tiki, qu'elle entend mettre bas ! Gardez votre calme et faites-lui voir dix épisodes de *Dr House*. Tout devrait s'arranger.

L'AVIS DU DR HERMANN PAULL

Tous les peuples civilisés admettent comme une chose allant de soi qu'un accouchement se fait dans un lit.

LE SOULAGEMENT DES AUTEURS

Merci Hermann.

Chapitre 4

QUATRIÈME MOIS – UNE EXPÉRIENCE TRAUMATISANTE : L'ÉCHOGRAPHIE

Qui n'a jamais contemplé le spectacle désolant d'un futur jeune père brisé, tremblant, échoué sur un trottoir, les yeux dans le vide, secouant misérablement la tête en balbutiant des mots sans suite, incapable de reprendre le dessus ? Qui n'a jamais croisé le regard triomphant d'une échographe raccompagnant jusqu'à la porte de son antre un couple de futurs jeunes parents anéantis, encore hantés par les images brouillardeuses qu'elle leur a distillées avec des raffinements de cruauté ?

La scène se passe dans une salle d'attente bondée, exclusivement composée d'une assistance de futures jeunes mères enceintes jusqu'aux yeux, munies de bouteilles d'eau minérale et se tortillant sur leurs sièges en poussant de pathétiques gémissements, ainsi que de quelques futurs jeunes pères tentant de leur mieux de leur faire penser à autre chose. Au-delà d'une porte hermétiquement close attend l'échographe, ricanant comme une araignée au centre de sa toile, tuant le temps en faisant son courrier ou en téléphonant à une copine échographiste[1], obéissant en cela à la règle d'or de ce métier, gravée en lettres de feu au fronton de toutes les universités d'échographie du monde : NE JAMAIS ÊTRE À L'HEURE. Sinon, ça ne serait pas drôle.

Et le jeune couple attend, fiévreusement, que vienne son tour.

VOUS. – Ce ne sera plus long, mon amour. Pense à autre chose…

ELLE. – Mais qu'est-ce qu'elle fait, cette conne ? On avait rendez-vous à six heures dix et il est presque sept heures !

VOUS. – Encore un peu de patience, ma chérie. Ça va être à nous.

UNE PATIENTE. – Pardon, j'étais là avant vous ! Et j'avais rendez-vous à six heures, moi !

UNE AUTRE PATIENTE. – Et moi à six heures moins le quart !

ENCORE UNE AUTRE, *d'une toute petite voix*. Et moi à cinq heures et demie…

ELLE, perdant pied. – Je ne tiendrai jamais !

VOUS. – Retiens-toi, Louloutte. Je vais voir ce qui se passe.

UNE PATIENTE. – Oh oui, monsieur, je vous en prie !

UNE AUTRE PATIENTE. – Mais faites vite, par pitié !

L'ÉCHOGRAPHE, *entrant subitement, foudroyant du regard le futur jeune père à demi levé, puis les patientes dont les bouteilles d'eau ne sont pas encore vides*. – Patiente suivante, s'il vous plaît !… Et n'oubliez pas, mesdames, qu'il faut obligatoirement boire un litre et demi avant l'examen !

---

1. À moins qu'on dise échographeuse. Nous ne savons pas. Nous ne voulons pas le savoir.

LE CHŒUR DES PATIENTES, *buvant comme un seul homme*[1] *au goulot*. – Oui, madame l'échographe.

Deux heures passent. Vous êtes au bord du suicide. La future jeune mère gémit maintenant sans discontinuer, serrant désespérément les jambes dans l'espoir de retarder l'inévitable. Dehors, il pleut, et le bruit de la pluie sur les carreaux semble plonger l'assistance féminine dans un état proche de la démence. C'est alors que vous comprenez que rien, dans le décor apparemment anodin de cette salle d'attente, n'a été laissé au hasard. La moquette est jaune pipi, le papier peint vert d'eau. Aux murs sont accrochées des marines, et une vasque,

1. Si nous osons dire.

dans l'entrée, fait entendre un bouillonnement suggestif. C'est infâme.

Puis la porte s'ouvre. Brusquement, comme toujours. À l'instant où on s'y attend le moins.

– C'est à nous, dit l'échographeuse en ébauchant à votre intention une sorte de rictus qu'on pourrait qualifier de sourire.

Elle ment. Ce n'est pas à « nous », c'est à « vous ».

Plusieurs minutes s'écoulent encore, durant lesquelles l'odieuse praticienne se complaît à tripatouiller la carte Vitale de votre compagne et à bidouiller son ordinateur alors que, pour la future jeune mère, le bruit du fluide cliquetis du clavier s'apparente au plus raffiné des supplices chinois.

Puis enfin l'échographie commence. Le jeune couple, émerveillé, intimidé, pénètre dans une alcôve obscure, conçue de telle façon que le futur jeune père n'a d'autre choix, s'il tient vraiment à aller jusqu'au bout, que de se tenir plié en deux entre un onduloscope à ionisomètre cumulatif aux angles particulièrement pointus et le bras de la potence du fibro-endocrinographe. Une position particulièrement désagréable. On se croirait dans *Fear Factor*. L'échographe manipule durant quelques minutes un tas de bidules, de machins et même de trucs, puis pose sur le ventre distendu de la future jeune mère une sorte de bazar, sans parvenir à réprimer un sourire cruel.

L'écran s'allume et c'est le choc.

POUR LA PREMIÈRE FOIS VOUS VOYEZ VOTRE BÉBÉ !

L'instant est difficilement supportable.

Objectivement, votre bébé ressemble à un alien. Encore un coup de Roswell. Vous écarquillez les yeux, tentant vainement de distinguer quelque chose, alors que l'échographe marmonne des « Tiens, tiens ! » et des « Ça par exemple ! » qui ne vous échappent pas.

Puis tout s'arrête. La lumière se rallume et vous sursautez, en vous cognant le crâne à la potence du fibro-endocrinographe. La future jeune mère, éperdue, questionne vainement la praticienne. C'est inutile, elle ne dira rien. Ni le sexe du bébé, ni son âge, ni s'il est bien élevé, ni quoi que ce soit. Ce qui vous aurait étonné, c'est que la damnée bonne femme ait pu voir quelque chose sur cet écran minuscule et flou, indigne de la science moderne. À l'heure de la télé HD, de qui se moque-t-on ? C'est nul ! Et le son était minable ! Rien compris !

L'échographie 3D : bienvenue au musée de l'horreur

Votre déception, cher vieux zigue, n'a pas échappé à l'impitoyable individue[1], qui ricane *in petto*. Et, tandis que, semblable à la mouche empêtrée dans la gluante toile du scorpion ricanant, vous vous efforcez d'émettre de temps à autre des exclamations enjouées histoire de réconforter votre compagne, l'odieuse prédatrice murmure dans un soupir : « Évidemment, en 3D, on y verrait plus clair… »

Alors là, ami jeune père, nous disons tout de suite : hop, hop, hop ! Et même, hop-là ! Ah, sacré petit bonhomme, comme tu es prévisible ! Il a suffi que l'échographeuse prononce ce mot magique pour que l'espoir jaillisse en toi tel le geyser de pétrole balayant la fragile plate-forme *off shore* ! 3D ! Comme dans *Mario Tekken Blast Punisher*, dont tu as justement atteint hier soir

1. Dans le cas d'un échographiste mâle (on voit de tout), nous dirions « impitoyable individu », et ce serait probablement plus français. Mais, bon sang, ce n'est pas le moment de nous gonfler avec la grammaire !

(tandis que la chère future jeune mère regardait *Koh-Lanta*) l'envié niveau VI ! Comme dans *Avatar*, avec les mecs tout bleus ! Mais bon sang, la 3D, tu connais ! C'est ton truc ! Le bébé en 3D, ça doit être mortel ! Trop cool !

Ah, Seigneur, fatale exaltation…

Tout à ton enthousiasme, tu n'as pas remarqué que les lèvres de la praticienne continuaient à s'agiter, émettant des sons d'intensité variable. Le mot « 200 euros » est passé comme un souffle. Le mot « DVD », en revanche, a été clairement perceptible, et ce mot seul aurait balayé tes dernières réticences si tu en avais encore !

Dieu nous est témoin que nous aurions voulu t'éviter ça. Mais peut-on arrêter la horde de gnous se ruant vers le marigot ? Hein ? Le peut-on ? Le tigre du Bengale y parviendrait, d'un cruel rugissement apte à terrifier toute la bande, mais nous n'avons pas rugi. Mal à la gorge. Nous avons dit « hop, hop, hop ! », et ce n'était pas suffisant. Nous nous en voulons un max.

Et déjà, tandis que nous nous morfondons, voici que l'échographeuse a installé un autre écran, branché des machins, des choses et des bidules et qu'elle promène de nouveau un truc froid sur le gel gluant recouvrant le ventre ballonnesque de ta malheureuse compagne, elle-même animée du fol espoir de parvenir à distinguer quelque chose sur le fichu écran.

Aussitôt, le silence se fait. Une musique angoissante monte des ténèbres. Votre petit cœur bat la chamade. « Bo-bom, bo-bom. » Cette fois, l'image n'est pas grise et brouillée, elle est sombre, chaude, cuivrée comme le tombeau de Toutankhamon à la lueur vacillante du flambeau du hardi archéologue. Et soudain, surgissant de la nuit comme le requin des profondeurs, apparaît un visage ! Le visage de votre bébé ! En gros plan ! Votre sang se glace, la terreur vous pétrifie, votre sourire niais se fige en un atroce rictus ! Horreur ! Votre bébé ressemble à Rascar Capac ! C'est le retour de la momie ! La malédiction du Sphinx ! Bon sang, mais si votre bébé ressemble à ça, il va falloir déménager ! Vous n'êtes pas le père, c'est pas possible ! Que fait la Sécu ?

Et encore, ce n'est rien ! Imaginez l'échographie en 4D : non seulement le bébé est en relief, mais en plus il bouge ! Et en 5D, il vous parle en VO sous-titrée ! Il vous dit « Bazour, papa ». Hyper-flippant !

Moment terrible, nous vous avions prévenus. Et, osons le dire : surtout pour vous. Car pendant tout ce temps, ne l'oublions pas, vous êtes resté debout, sans même un petit pétard, alors que madame était confortablement étendue.

Un dernier conseil : souffrez en silence. N'évoquez pas auprès de votre chère moitié l'inconfort de cette pénible séance. N'oubliez pas qu'elle a le bide rempli d'eau au-delà de ce qui est humainement concevable, et qu'un accident reste toujours possible.

Justement, une demi-heure s'écoule encore, durant laquelle l'échographe, après avoir éteint tous ses bidules, entre sur son ordinateur, avec des mimiques sardoniques, des commentaires que vous n'aurez jamais l'occasion de lire, mais que vous supposez forcément désobligeants.

C'est en général à ce moment-là que craque votre épouse.

– Excusez-moi, madame l'échographe. Je peux aller aux toilettes ?

– Désolée, ricane l'infernale praticienne, elles sont en dérangement.

Impitoyable.

Chapitre 5

CINQUIÈME MOIS – HÔPITAL OU CLINIQUE ?

Un choix délicat, lourd de conséquences pratiques, mais aussi d'implications toutes personnelles, voire philosophiques. La clinique, c'est le privé, l'argent, le libéralisme, l'Amérique des traders ; l'hôpital, c'est le secteur public, l'égalité pour tous, l'administration reine, Jean Ferrat, Besancenot, la grève.

Dans ces conditions, cher lecteur, vous comprendrez que nous ne tranchions pas en votre lieu et place. La décision vous appartient. Nous ne renonçons pas cependant à vous informer, parce que informer ne signifie pas forcément manipuler ; les deux témoignages vécus qui suivent vous aideront à vous déterminer sereinement – c'est du moins notre souhait le plus sincère.

Mme L. d'Angougnac (Charente-Maritime) avait opté pour la clinique.

Mme B. de Corbeil-en-Brie (Yvelines) avait préféré l'hôpital.

La clinique	L'hôpital
« Depuis quelque temps, je ne sentais plus mon enfant bouger dans mon ventre. J'ai estimé qu'il valait mieux aller consulter mon gynécologue à la clinique Sainte-S.-de-F. Charles-Édouard, mon mari, a téléphoné pour avoir un rendez-vous et on lui a dit de venir tout de suite avec moi, qu'on allait me recevoir immédiatement.	« C'étaient comme des douleurs qui me faisaient mal, qui me prenaient par moments. Mon Tonio m'a dit comme ça qu'il fallait qu'on aille au docteur à l'hosto, là où que je devais accoucher. Alors on y est allés ensemble, dans la Kangoo, même que sur les pavés, quand ça sautait, ça me faisait pas du bien.
« C'était en fin de matinée et le petit parking de la clinique était bondé. Heureusement, un jeune infirmier est aussitôt venu vers nous, et c'est lui qui s'est occupé de garer la Scénic. Il devait guetter notre arrivée pour nous éviter de perdre du temps.	« Tonio a voulu entrer dans l'hôpital avec la Kangoo, mais le gardien a refusé de nous laisser passer. Il avait des consignes, qu'y disait. On lui a expliqué que j'avais un polichinelle dans le tiroir, que j'allais pas et tout, mais y avait pas moyen de s'entendre avec lui. Une vraie bourrique. Il a bien essayé d'appeler son chef, mais il était en RTT. Alors on est allés se trouver une place ailleurs, très loin, et on est revenus à pied.

La clinique	L'hôpital
« Je me suis sentie soulagée dès que nous sommes entrés dans cet adorable hôtel particulier du XIXe, si parfaitement aménagé ; moquette épaisse, murs clairs avec des dessins d'enfants, baies vitrées. Rien de médical ou de sinistre dans le décor. Personnel aimable au possible, comme d'habitude. La sage-femme qui s'était occupée de moi lors de mes précédentes visites a surgi devant nous comme par miracle, très rassurante, très maternelle. C'était un peu comme si je retrouvais une personne de ma famille.	« Un vrai souk, cet hosto. Des kilomètres de couloirs avec des escaliers partout. On s'est paumés, comme la fois d'avant. Tonio, il avait les nerfs. Et quand on a retrouvé la maternité, elle était fermée. Fermée pour cause d'hygiène, parce que y avait un virus. Un "virus mystérieux", comme on a dit dans le journal, qui donnait de la fièvre aux bébés, même qu'ils pouvaient en crever ! Enfin, tout ça, on l'a vu plus tard à la télé, parce que, sur le moment, personne nous a rien dit. C'est pas pour dire, mais les infirmières, dans cet hôpital, elles sont pas commodes. Toujours énervées. On croirait qu'elles vous en veulent. Bref, c'est un malade qui nous a conduits jusqu'au bâtiment du fond, parce que c'est là que le service avait été transféré, même qu'y paraît que c'était écrit sur des panneaux. Mais Tonio, la lecture ça a jamais été son truc.

La clinique	L'hôpital
« Nous étions seuls dans la salle d'attente, et nous n'y sommes pas restés plus de cinq minutes.  	« Là où qu'on attendait, dans un coin de palier, derrière un paravent, y avait déjà trois personnes. Une dame très grosse, une autre dame très blanche et un vieux monsieur en robe de chambre qui râlait sans arrêt. Comme on nous a laissés là très longtemps, on s'est mis à causer. La dame très grosse, elle était pas loin d'accoucher et elle avait peur que ça lui ferait mal. J'y ai dit comme ça qu'elle avait qu'à se faire faire une péridurale, que moi en tout cas j'en voulais une. Elle m'a dit que sa sœur, elle y avait eu droit, dans ce même hosto, et que ça avait raté, et qu'elle avait souffert comme une bête. Là-dessus, l'autre dame, celle qu'était très blanche, elle a dit qu'elle était là pour se faire opérer parce que, pendant son accouchement, on lui avait donné un coup de bistouri pour que le bébé passe mieux, mais que ça voulait pas cicatriser cette affaire-là, et que son mari il était pas content, et que, si ça s'arrangeait pas, ils iraient faire un procès. Et voilà ! La grosse dame, elle a dit que ce qu'il y avait de bien à se faire opérer à l'hôpital, c'était qu'en cas de coup dur ils avaient toute la machinerie

La clinique	L'hôpital
.../...	qu'il faut en réanimation. Alors le vieux monsieur, il a fait comme ça que c'était tant mieux, parce que si ça continuait on allait tous s'y retrouver, en réanimation. C'est à ce moment-là qu'on est venu le chercher, parce que sa coloscopie, c'était pas là du tout qu'on devait la faire et qu'y avait eu erreur. Je vous dis pas comme il a râlé !
« Le Dr de Mestre nous a reçus avec sa gentillesse coutumière. Il s'est excusé de nous avoir fait attendre, tout en nous assurant qu'il avait roulé aussi vite que possible. Nous avons alors compris qu'il était spécialement revenu de Sologne rien que pour nous, et qu'il avait renoncé à un déjeuner ! Nous étions confus.	« Au bout de trois heures, un jeune binoclard m'a fait passer dans une espèce de débarras. C'était pas le même toubib que la fois d'avant ; ce coup-là, c'était un petit gars fatigué, mal rasé, en blouse chiffonnée, alors qu'on avait eu un grand et gros, qui sentait fort et qui parlait pas français. J'y ai dit comme ça que c'était quand même pas croyable qu'on tombe jamais sur le même docteur ; et il m'a répliqué que si j'étais pas contente, je pouvais toujours aller me faire voir ailleurs. J'ai pensé que ça valait mieux que mon Tonio il soit pas entré avec moi dans la pièce, vu qu'il y aurait facilement mis son poing sur la gueule et qu'y aurait encore eu du pétard.

La clinique	L'hôpital
« Pendant cinq ou six minutes, le Dr de Mestre m'a auscultée, puis il a eu le grand sourire que j'espérais tant. "Tout va parfaitement bien, madame. Le cœur est tonique, ce sera un enfant superbe." Lorsque nous sommes rentrés à la maison, mon mari et moi, j'étais pleinement rassurée, heureuse de vivre. Et je sentais à nouveau mon bébé bouger dans mon ventre… »	« Le gringalet m'a fait monter sur une balance, et tout de suite, il a roulé des yeux de veau. Il s'est jeté sur mon dossier qu'il avait fini par retrouver, et il a poussé des cris. "Quoi ?! qu'il a fait, vous êtes enceinte que de cinq mois et vous avez déjà pris 11 kilos ? Mais vous vous foutez de moi, ou quoi ?" Vous me croirez ou pas, mais il m'a engueulée comme du poisson pourri, carrément, y a pas d'autres mots. Tellement que mon Tonio a fini par se pointer, et qu'il a pété les plombs, et que l'autre il l'a pris de haut, genre grand seigneur, et qu'il a fallu les séparer. On est repartis en catastrophe, et je vous assure que j'étais pas fraîche. Dans la Kangoo, Tonio n'arrivait pas à se calmer et moi, j'avais des contractions terribles, et je me suis rendu compte que j'avais même pas pu en parler à l'hosto, à personne. Ça a été plus fort que moi, je me suis mise à chialer. »

LE CRI D'ALARME DU DR HERMANN PAULL

Le danger d'idiotie chez les enfants conçus pendant l'ivresse du père est grand.

***

Voici donc, tels quels, nos deux documents bruts. Fidèles au strict respect de la liberté de conscience, nous nous abstiendrons d'y ajouter le moindre commentaire susceptible de peser sur votre choix, ou même de l'influencer, ne fût-ce qu'à peine.

Hôpital ? Clinique ? Chacun a ses avantages, nous l'avons vu. À présent, c'est à vous de choisir, cher lecteur.

Oui, bon : avec madame, évidemment.

Chapitre 6

SIXIÈME MOIS – CHÉRI, IL A BOUGÉ !

LE CONSTAT DU DR HERMANN PAULL

Autour de la vingt-deuxième semaine, la femme ressent pour la première fois les mouvements de l'enfant. S'il y a eu encore jusqu'à ce moment doute sur l'existence d'une grossesse, il va de soi qu'il ne peut dorénavant plus y en avoir.

LA PRÉCISION DES AUTEURS

Ou alors il s'agit d'un cassoulet particulièrement tsoin-tsoin. Le doute demeure…

Il fait nuit. Tout est calme et vous dormez de votre premier sommeil, profondément, accumulant des forces pour les mois qui vont suivre. Puis un cri déchire le silence, vous éveille en sursaut, accélère votre pouls, alors qu'une main tiède se crispe spasmodiquement sur votre bras. Ou votre épaule. Ou votre mollet. Tout dépend comment vous dormez.

L'espace d'un instant, vous hésitez, déjà prêt à bondir dans votre pantalon, puis dans votre voiture pour conduire pied au plancher votre épouse vers la maternité la plus proche. Mais vous vous reprenez. Nous n'en sommes qu'au sixième mois. Restons clames. Lacmes. CALMES ! D'ailleurs votre femme vous parle à nouveau, les yeux écarquillés, un sourire extatique aux lèvres, la main toujours crispée sur votre bras. Ou votre épaule. Ou votre mollet :

– Chéri, il a bougé !

Alors là, attention.

Ne faites pas comme Renaud B., de Paris VIe, qui, mal réveillé ou n'ayant pas lu ce guide, a répondu : « Qui ça ? »

Une phrase bien innocente et somme toute pardonnable, l'incident étant survenu à trois heures du matin et le malheureux ayant eu, la veille, une journée pénible. Le bilan de l'exercice en cours n'avait pas tenu compte des frais locatifs des entrepôts annexes occupés par l'entreprise depuis le début de l'année, et Mme Martine, la comptable, était justement en RTT ce jour-là. À Marrakech, avec le Club. C'est dire si le malheureux Renaud B. avait des soucis en tête. Pourtant, son épouse lui en a voulu. Leur fils Nicolas est aujourd'hui adhérent du MoDem. Un destin tragique qu'un peu de lucidité aurait pu éviter.

N'oubliez jamais cette règle d'or: À PARTIR DU SIXIÈME MOIS, AMI, SOYEZ CONSTAMMENT SUR LE QUI-VIVE.

Pensez bébé. Vivez bébé. Mangez et respirez bébé.

Ce rejeton, qui pour nous n'est encore qu'une idée vague ou un non moins vague brouillard sur un écran d'échographie, A COMMENCÉ À REMUER DANS LE VENTRE DE VOTRE FEMME !

Tout futur jeune père digne de ce nom et soucieux de ne pas s'entendre traiter de futur jeune père indigne aura à cœur de passer dorénavant plusieurs minutes chaque soir à regarder en silence le ventre de la future jeune mère, et ce SANS BÂILLER, SANS JOUER SUR L'ORDI DE L'AUTRE ŒIL ET SANS DORMIR.

Que faire s'il se passe quelque chose ?

À cette question bien légitime, nous répondrons en rappelant au lecteur qu'en toutes circonstances, dans le doute, il sera bien vu de prendre un air béat en balbutiant des « Ben ça alors !... Ben ça alors ! » et en couvrant la future jeune mère de baisers. Et ce pour deux raisons :

1. Dans la majorité des cas, ça peut suffire, et vous aurez le droit de vous rendormir. (De préférence en posant une main sur son gros bide. Ça plaît toujours.)

2. Ça vous laisse le temps de rassembler vos esprits et de trouver, le cas échéant, une réplique adaptée à la situation, contenant obligatoirement un ou plusieurs de ces mots : « extraordinaire », « ma chérie », « ce qu'on fait, tout de même, de nos jours », « tu vois, j'en bâille de joie ».

Mais que peut-il se passer ?

Bon, nous voulons bien croire que vous êtes endormi, mais là, tout de même, vous exagérez. Quel est le titre de ce chapitre, hein ? Quel est son titre[1] ?

Donc, le bébé-fœtus peut bouger, de quarante à cent vingt fois par heure, et jusqu'à deux cents fois pour les agités du bocal ! Formidable !

Attention. Il y a mouvement et mouvement. Il serait indélicat, voire vexant pour la future jeune mère, de confondre un geste du fœtus avec un gargouillis digestif[2]. En revanche, si vous voyez apparaître à la surface du ventre de votre femme une bosse qui se déplace, aucun doute, c'est le moutard. Évitez de pincer, de taper dessus pour le faire rentrer ou de le chatouiller : LES FŒTUS SONT DOUILLETS, FRAGILES, ET N'ONT AUCUN SENS DE L'HUMOUR.

Si, au contraire, la bosse apparaît sur le torse de votre meilleur ami et qu'elle a tendance à gonfler, c'est que vous vous trouvez à bord du *Nostromo* et qu'un alien ne va pas tarder à surgir. Écartez-vous, ça va tacher. Quant à votre ami, vous ne pouvez malheureusement rien pour lui. Dirigez-vous dans le calme vers la navette de secours.

---

1. « Chéri, il a bougé ! »
2. Toujours le fichu cassoulet !

Quelques expériences amusantes...

L'excellent Dr Feijoo a prouvé dans *L'Aube des sens* que les fœtus pouvaient percevoir les sons graves dès le sixième mois : une jeune mère accepta d'écouter inlassablement la même phrase musicale de *Pierre et le loup* de Prokofiev interprétée au basson, jusqu'à son accouchement. Lorsque, après la naissance, on faisait entendre ce morceau à l'enfant, ses pleurs cessaient aussitôt. C'était la mère qui commençait à pleurer.

Ce qui prouve deux choses :

1. La répétition excessive de certaines expériences peut avoir des conséquences néfastes pour le système nerveux de votre épouse (qui, rappelons-le, est tout de même appelée à être la mère de vos enfants, ce qui doit vous conduire à certains égards ou, du moins, à une certaine prudence).
2. Le marmot perçoit bien les sons graves. Cette découverte capitale nous ouvre des perspectives nouvelles, à nous les jeunes pères, dont les voix sont généralement plus basses que celles de nos compagnes bien-aimées. Sauf si nos épouses sont des catcheuses mexicaines. Dès le sixième mois, votre futur bébé peut vous entendre : SURVEILLEZ VOTRE LANGAGE ! Ne dites plus « bite ». Ce n'est qu'un exemple.

Inspirons-nous de l'exemple de M. Jean-Paul F., qui prit soin, chaque soir en rentrant du boulot, de ne parler qu'anglais à sa jeune épouse, et ce d'une voix très grave. Trois ans après sa naissance, son enfant possédait déjà de solides rudiments de cette langue et parle aujourd'hui anglais comme un Beatle. Et le fait que Jean-Paul F. habite à Londres et soit marié à une Anglaise ne retire rien au succès de son expérience.

Chapitre 7

SEPTIÈME MOIS – LE CHOIX DU PRÉNOM

C'est une étape décisive, qui engage résolument l'avenir, mais qu'on s'obstine à prendre à la légère, comme le choix d'une paire de tongs au Bazar de la Plage. Terrible erreur. Fatale distraction. On imagine déjà les futurs parents, accolés, amoureusement penchés sur de vagues sites Internet, bouquins et magazines, débattant dans un gazouillis sucré de la vieille question du prénom, pour finir par en choisir un au hasard, comme des cons, par lassitude !

– Et pourquoi pas Charles-Henri, mon chéri ?

– Pas mal, mon chou, mais je préfère Mamadou.

Halte-là ! Le prénom ne doit pas être uniquement perçu comme un ornement de la personne, une aimable introduction au nom de famille, un assemblage de syllabes harmonieux à l'oreille ; loin de là. Car la qualité première du prénom, c'est qu'il connote. Et nous ajouterons même, si l'on veut bien nous passer cette formule un peu triviale, qu'il connote sec. Le simple fait d'écrire ou de prononcer tel ou tel prénom renvoie instantanément à tout un ensemble de références bien marquées. Et impitoyablement révélatrices de ce que vous êtes – ou de ce que vous n'êtes pas.

Connotation géographique d'abord, ou ethnique, religieuse ou raciale, comme on voudra. Sarah évoque le monde juif, tout comme Abdel rappelle l'Islam, ou Christian-Dominique, l'Afrique noire (surtout dans la combinaison Christian-Dominique M'Goumba). Rien ne s'oppose évidemment à ce qu'un ménage bien de chez nous, les Champeytaud par exemple, attribue à son nouveau-né un prénom formidablement exotique. Mais là encore, attention !

Si c'est un petit Zlatko Champeytaud qui pousse ses premiers vagissements, le père passera à coup sûr pour un romano prêt à garer sa caravane n'importe où, dans le but de voler des poules au rythme obsédant du flamenco ! Serait-il bien raisonnable de se coller une telle étiquette sur le dos, par les temps qui courent ?

Si l'adorable bambin a été baptisé Chuck, c'est sans doute en hommage à l'époque pas si lointaine où son père tenait la basse (et avec quel talent !) au sein des Tornado's, le groupe-phare de Bonneuil-sur-Oise. Mais qui dit que le jeune Chuck Champeytaud partagera plus tard le goût de son papa pour le rock ? Imaginez qu'il se destine à une carrière de chef de guichet adjoint à la BRED de l'avenue Jean-Jaurès. N'aurait-il pas préféré s'appeler François comme tout le monde ? Engagerait-on un Chuck pour un poste d'une telle importance ? Le Chuck, le plus souvent, est magasinier. Ou coiffeur pour dames dans une ville d'eau.

Plus généralement, et quelle que puisse être l'admiration qu'on éprouve pour la patrie de Silvio Berlusconi, celle de Rafael Nadal ou de George Clooney, on fera sagement en n'appelant pas son fils Luigi Champeytaud, Ramon Champeytaud, ni même John Champeytaud junior. En vérité, tout cela sonne un peu vulgaire.

Un truc infaillible

Certains de nos lecteurs – nous le savons – doutent de leur propre goût, de leur capacité à sélectionner le prénom chic et malin qui fera de leur enfant une personne distinguée ; ils craignent, non sans raison, de choir dans la banalité la plus abjecte ou la médiocrité sordide. Voici donc un petit conseil qui leur permettra tout au moins d'éviter le pire. Qu'ils regardent, ne serait-ce que quelques minutes, *Secret Story*, *La Nouvelle Star, Qui veut épouser mon fils ?* ou toute autre émission dont le titre comprend les mots « star », « story », « bachelor » ou « love ». Qu'ils dressent ensuite, courageusement, la liste des prénoms absurdes de tous les effroyables crétins et bimbos surgonflées qui défilent sur l'écran. Voilà. Le plus dur est fait. Au moment de la grande décision, il n'y aura plus qu'à choisir IMPÉRATIVEMENT un prénom NE FIGURANT PAS sur la liste.
Ça ne peut pas rater.

Certes, ne nous le cachons pas, le prénom est porteur d'une forte charge de discrimination sociale. Un prénom formidablement ethnique, tellement représentatif de notre époque multiculturelle, comme Helmut ou Mouloud, voire Zlobodan, ou pourquoi pas Panchito, donnera à votre enfant une aura d'exotisme romantique en diable. Mais ce même prénom pourrait bien lui barrer l'accès à certaines professions. Ah, c'est moche. Le revers de la médaille et toute cette sorte de choses. Un Panchito Champeytaud sera-t-il élu député de la Nièvre ? Nous ne le croyons pas. Un Youssouf Van der Brucken présentera-t-il le JT de TF1 ? Ce n'est pas gagné. Et c'est bien dommage.

Loin de nous l'idée de défendre un chauvinisme d'un autre âge, propre aux porteurs de bérets basques et autres mangeurs de grenouilles. Pas du tout. Mais après des décennies de mondialisation, pourrez-vous encore surprendre avec un Kevin ou une Samia ? Au contraire, un Marcel, une Raymonde créeront le buzz ! Et des chouettes prénoms comme ça, il y en a plein le calendrier !

Mais attention ! Prénom français n'est pas toujours synonyme de succès.

Ainsi, « François-Xavier » évoque les fastes discrets, anciens, d'un univers confortable et de bon ton, tandis que « Raoul » ne fait naître en nous que des images d'usines en feu, de rots lâchés à table et de taches de gras. La nuance est d'importance. Gardons-nous cependant d'en tirer la conclusion simpliste selon laquelle il suffirait d'affubler sa progéniture de prénoms composés pour l'élever, comme d'un coup d'ascenseur social, à la haute dignité de la jet-set ; si tout le monde s'accorde à reconnaître qu'un « Charles-Henri » déborde de classe, que penser d'un « Léon-Kevin », ou d'une « Samantha-Lucienne » ?

Dans un autre registre, observons que certains prénoms sont investis d'une sorte de pouvoir magique, et qu'ils semblent déterminer à l'avance le destin de ceux qui les portent ; c'est ainsi qu'on peut parier son treizième mois, et sans être devin, qu'un gamin baptisé Napoléon ira loin sur la voie du succès, qu'il volera de victoire en victoire avant de trouver une fin solitaire, amère, et peut-être même insulaire. Remarquable illustration de ce type de trajectoire : Napoléon Bonaparte.

D'autres prénoms sont marqués par l'histoire d'un sceau indélébile et valent à leurs possesseurs une sinistre réputation. Ce n'est jamais sans un pincement au cœur qu'on invitera à dîner un Adolphe, surtout s'il y a de la choucroute. On ne fera pas venir un Néron chez soi si l'on habite une région sèche et résineuse ; on se méfiera d'un Attila, sauf s'il s'agit de tondre la pelouse ; un Kim-Jong-Li Champeytaud provoquera des haussements de sourcils réprobateurs.

Est-il trop tard ?

N'ayant pas encore lu ce livre, vous avez inconsidérément opté pour un prénom dingue et marrant. Comme c'est chouette ! Mais maintenant vous vous déballonnez tel un péteux. Ah, c'est moche !
Allons, il n'est pas trop tard. N'hésitez pas ! Falsifiez l'état civil ! Faites irruption dans la mairie durant l'heure de la pause (entre 9 heures et 17 heures), récupérez votre dossier dans le tas, biffez le prénom dont vous ne voulez plus et mettez-en un nouveau. Si un fonctionnaire particulièrement désagréable tente de s'interposer, faufilez-vous sous les meubles en criant comme un putois. Ou, mieux, balancez des billets de vingt à tout va. Les petits salaires se jetteront dessus. Puis tirez-vous vite fait.

Une remarque en passant à propos d'un prénom ravissant, mais hélas trop peu donné : Vénus. « Vénus » n'a rien de ridicule, tout au contraire, puisqu'il symbolise la beauté féminine[1] ; mais de ce fait même, il devient carrément grotesque dès qu'on l'attribue à une fillette affreuse. Ce que l'on s'interdira, naturellement. On nous objectera peut-être qu'il est très difficile d'imaginer ce que sera le physique de sa fille avant même sa naissance : faux. Pour s'en faire une idée précise, vous n'avez qu'à regarder la mère. Oui, ta femme, vieux. Il n'y a pas de miracle en ce bas monde.

LE GRAIN DE SEL DU DR HERMANN PAULL

La vraie femme ne se sent jamais aussi pleinement heureuse que quand elle laisse la décision à l'homme qu'elle aime, soit dans les grands problèmes de la vie, soit dans ceux de la vie quotidienne.

Alors, bien sûr, l'important, pour certains, c'est avant tout d'être original. De trouver pour votre bébé le prénom qu'aucun autre n'aura. Notre truc infaillible : faites comme les marques de voiture : inventez un nouveau nom !

Étape n° 1 : sélectionnez un mot existant dans le langage commun. Au hasard : « assiette ».

Étape n° 2 : donnez à ce mot un cachet ethnique. Par exemple : « assietta ».

Étape n° 3 : contractez en supprimant les syllabes inutiles. Vous obtenez « sietta ».

---

1. Que faire, nous direz-vous, si vous avez une fille et un garçon ? Appelez-les Vénus et William. De rien.

Sietta Champeytaud ! Personne ne s'appelle comme ça ! Et pourtant c'est chouette ! Et ça marche aussi avec « escabeau » ! « tomawak » ! « crème anglaise » !

Laissez faire ceux qui savent, mesdames !

On conçoit mieux désormais que choisir un prénom ne soit pas à proprement parler une partie de plaisir. D'autant que vous aurez votre petite opinion sur la question, ami lecteur, mais que votre partenaire aura également la sienne, et qu'elle sera absolument insensée, croyez-nous ! Ne vous faites aucune illusion : il y aura conflit, négociation, marchandage, échange d'invectives sans doute. Tout cela est détestable.

Il existe néanmoins une règle essentielle sur laquelle vous vous devrez de tomber d'accord avec votre épouse. Cette règle, qui est celle du bon équilibre global du nom, repose sur un principe simple : un prénom court pour un patronyme long, et inversement. En d'autres termes, si votre patronyme excède trois syllabes, le prénom de votre enfant ne devra en compter que deux au maximum, la séquence « deux et deux » constituant le chiffre d'or en la matière.

Exemples d'équilibre parfait :

– Jean-Louis Festjens,
– Pierre Antilogus.

Exemples de faute atroce :

– Philibert Ratsimandravaravoahanguy (patriote malgache),
– Vigdis Finnbogadottir (chef d'État islandais),
– Grand Corps Malade (slameur français).

Un dernier mot enfin, et qui devrait être pour vous comme une lueur d'espoir dans les ténèbres de l'incertitude, comme une oasis de fraîcheur dans le désert aride de la prépaternité : lorsqu'il s'agira d'aller déclarer la naissance du bébé à la mairie la plus proche, votre femme sera encore clouée sur son lit de clinique ou d'hôpital. C'est donc à vous, ami, qu'incombera cette tâche administrative et, par voie de conséquence, c'est vous – et vous seul – qui déciderez en dernière instance du prénom de votre enfant.

N'est-ce pas rassurant ?

Chapitre 8

HUITIÈME MOIS – ÊTES-VOUS PRÊTS, MESSIEURS ?

La page du Dr Van de Velde[1]

Claquages, élongations, tendinites, foulures, les hôpitaux sont remplis de jeunes pères imprudents victimes d'une mauvaise préparation musculaire. Tout à leur joie, certains inconscients manipulent plusieurs minutes durant des bébés de trois, quatre ou même cinq kilos, et ce sans échauffement préalable ! L'accident musculaire survient dès lors dans plus de 63 % des cas, venant entacher d'une note dramatique l'« heureux événement ».

Le cas de Bernard W., de Saint-Mandé, est encore présent dans toutes les mémoires : saisi d'une crampe alors qu'il jouait au « dada sur mon bidet » avec sa petite fille, il laissa réellement tomber la fillette dans le trou. La médecine a été impuissante à réparer les consé-

1. Le Dr Van de Velde, soigneur de l'équipe cycliste Gonflex-La Mutuelle, vient de bénéficier d'un non-lieu dans l'affaire de l'urine falsifiée. Il est aussi l'auteur de *Masse musculaire et insuffisances rénales*, aux Éditions du Boyau.

quences du choc subi par l'enfant, qui s'est aujourd'hui volontairement inscrite au Nouveau Centre. Un drame qu'un entraînement approprié aurait pu éviter.

Cet ouvrage se voulant avant tout pratique, nous avons demandé à notre ami le Dr Van de Velde de préparer à votre intention un programme d'entraînement quotidien qui devrait vous permettre de faire face à toutes les situations.

CUISSES-MOLLETS

« À dada sur mon bidet, je suis tombé dans le trou. »

Flexion-extension du jumeau interne et du long péronier latéral. Contraction du grand abducteur. Trois séries de dix flexions, au baigneur lesté de quatre kilos.

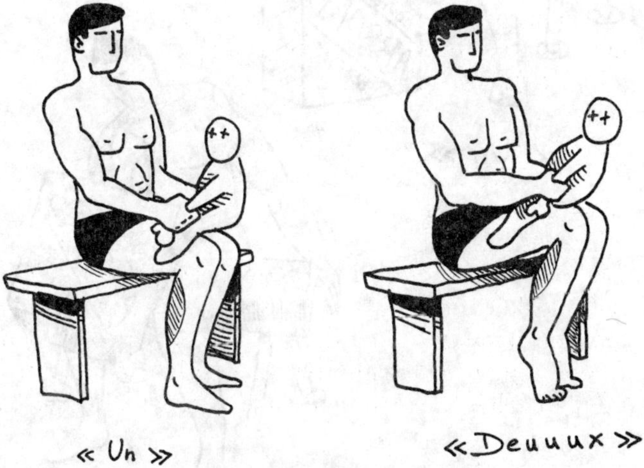

BRAS

« Chéri, tu me montes le paquet de couches ? »

Traction de chaque bras (travail des biceps). Sept séries de sept tractions au paquet de couches de cinq kilos.

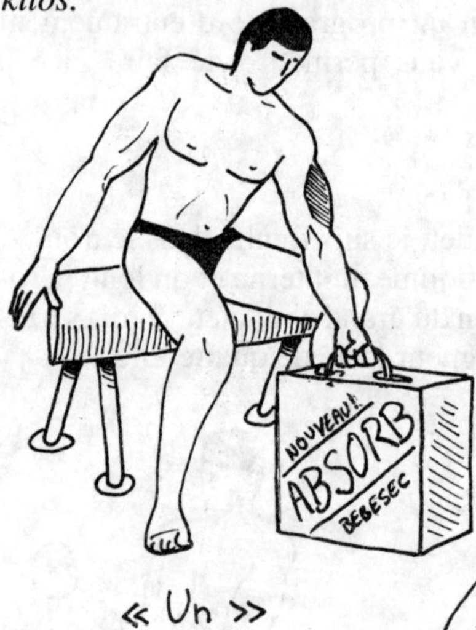

ÉPAULES-DOS

« Bisou, papa. »

Flexion-extension des bras (travail des trapèzes, deltoïdes et grands dentelés). Cinq séries de cinq bisous au baigneur lesté de quatre kilos.

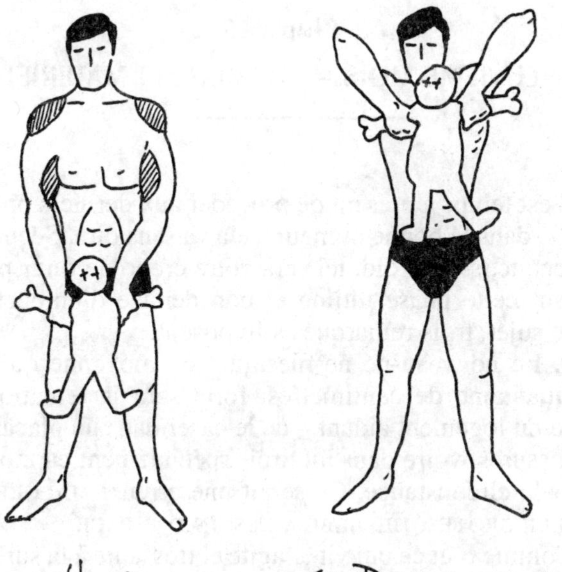

Chapitre 9

NEUVIÈME MOIS – CHAMBRE ET MATÉRIEL

Il est temps à présent de procéder aux derniers préparatifs, dans la bonne humeur, cela va sans dire. Sécurité, efficacité, sang-froid, tel sera votre credo de futur papa durant cette phase ultime et non dénuée d'embûches. À ce sujet, trois remarques s'imposent.

1. Le nouveau-né ne mesurant en moyenne qu'une cinquantaine de centimètres, forte sera la tentation – crise du logement aidant – de le caser dans un placard à chaussures, voire dans un tiroir spécialement capitonné pour la circonstance. Ce serait une erreur : MALGRÉ SA TAILLE GROTESQUE, BÉBÉ A BESOIN D'ESPACE.

Comme tout ce qui vit, s'agite et tressaute à la surface du globe, il lui faudra sa ration d'air, de lumière et de chaleur ; ce qui revient à dire que la chambre du petit – car c'est bien d'une chambre qu'il s'agit ici – sera vaste au moins de quelques mètres carrés, qu'elle sera équipée d'un radiateur en état de marche et percée d'une fenêtre, d'une lucarne ou d'un vasistas. Ou d'une meurtrière, si vous habitez dans un bunker comme notre ami Hermann qui, justement, a encore quelque chose à nous dire :

LA TROUVAILLE DU DR HERMANN PAULL

Il faut disposer le lit de façon que la lumière l'entoure de tous les côtés, à défaut de quoi il y a danger de loucherie.

LA MISE EN GARDE DES AUTEURS

Si on veut qu'il dorme, il faudra bien éteindre la lumière à un moment ou à un autre, Hermann !

2. Bien qu'il ne puisse au départ s'appuyer que sur des organes nains, non développés, tout juste ébauchés semble-t-il, le nourrisson est immédiatement capable de pousser des cris insoutenables et nous aurons l'occasion de revenir sur ce point. En conséquence de quoi IL CONVIENDRA D'INSTALLER BÉBÉ AUSSI LOIN QUE POSSIBLE DE LA CHAMBRE DE SES PARENTS.

« Facile à dire ! » protestent déjà les deux-pièces-cuisine, les surfaces corrigées, les immenses cohortes de mal-logés. Que leur répondre, à tous ceux-là ? Ah, le cœur se serre lorsqu'on y songe.

Sous l'aiguillon strident de la nécessité, on a vu des couples coller leur marmot sur le palier, froidement. D'autres, à l'inverse, acceptent le pire avec une sorte d'euphorie morbide et placent le berceau maudit au pied de leur lit. Les malheureux ! Ils sursauteront au moindre clappement de bouche, au moindre vagissement, au moindre bruit de succion, toutes choses que les petits êtres produisent avec un rare entrain, la nuit surtout, quand les sons les plus infimes prennent des ampleurs de raffut napolitain.

Il est vrai que certains enfants crient moins fort que d'autres, et qu'on finit aussi par s'habituer à tout. Et il est possible également que les derniers sur cette terre soient les premiers là-haut, et qu'ils siègent à la droite du Seigneur. Telles seront les consolations du jeune père trop à l'étroit dans ses murs.

3. Le nouveau-né n'a pas à proprement parler de sens esthétique, mais, comme tout être humain, il porte en lui une parcelle divine d'attirance vers le beau, un goût inné pour la perfection des formes et des couleurs ; en conséquence, ON ÉVITERA D'IMPOSER À BÉBÉ UN CADRE DE VIE TROP TARTE.

Peintures écaillées, plâtras lézardés, moquettes bon marché grouillantes d'acariens, voilà ce qu'il s'agira de bannir, car élever un gosse, ce n'est pas nécessairement croupir dans un taudis à la Zola. Enfin, pas forcément.

QUELLE COULEUR CHOISIR ?

• On s'abstiendra de repeindre la pièce d'un nourrisson en rouge, en noir, ou en toute autre teinte agressive et crue, sauf si l'on tient vraiment à écoper d'un grand psychopathe.

• L'orange vif est conseillé pour les fillettes, surtout pour celles qu'on souhaite voir un jour caissières chez Carrefour Market. Ou élues au MoDem.

• Le bleu de Prusse conviendra aux jeunes garçons promis à la carrière militaire. Le bleu de Bresse, en revanche, plaira aux Auvergnats.

• Notons enfin que le terre de Sienne brûlée est à éviter dans les immeubles mal ignifugés.

Cela dit, le jeune enfant manifeste en principe un penchant affirmé pour les tons pastel, les papiers peints mièvres avec des motifs idiots, lapins gambadant, cochons réjouis, frises de canards grossièrement silhouettés, personnages divers à mine de niais absolus.

C'est donc dans ce sens, en accord avec cette tendance profonde du premier âge, qu'on entreprendra les travaux d'aménagement nécessaires.

* * *

La chambre est maintenant pimpante et fraîche, refaite à neuf, prête à accueillir son adorable petit hôte. Est-ce terminé pour autant ? Non. Il vous reste à la meubler, à l'équiper, à l'outiller correctement. Passons en revue les quelques objets qui devront nécessairement figurer dans la maison lorsque bébé en franchira triomphalement le seuil.

- 1 table à langer
- 1 berceau
- 1 lit à barreaux (pour un peu plus tard)
- 1 mobile gai et coloré (à suspendre au-dessus du lit)
- 1 tour de lit rembourré (pour éviter les chocs tête-barreaux)
- 6 draps (dont 3 housses)
- 2 couvertures
- 1 alèse
- 1 lit pliant (pour déplacements amis, campagne, etc.)
- 1 commode de rangement
- 1 mini-siège inclinable
- 6 pyjamas
- 2 surpyjamas
- 6 brassières coton
- 6 brassières laine
- 3 paires de petits chaussons
- 3 paires de moufles
- 3 bonnets
- 1 Stetson

- 6 bavoirs (et même plus)
- 1 combinaison genre *snow-suit*
- 1 couffin
- 1 landau
- 1 poussette-canne (pour un peu plus tard)
- 1 sac de couchage (petit format)
- 1 sac kangourou (si vertèbres papa solides)
- 1 énorme paquet de changes complets 3-5 kilos
- 1 stock de coton hydrophile
- 1 océan de lait de toilette
- 1 lot de lingettes rafraîchissantes
- 10 suppositoires (pour premier rhume)
- 1 thermomètre (pour première fièvre)
- 1 tube de vaseline (pour thermomètre et suppositoires)
- 1 bac de sérum physiologique
- 1 flacon d'éosine (demandez donc ce que c'est à votre pharmacien)
- 1 flacon d'antiseptique (pour plaie ombilicale)
- 1 pile de compresses stériles (pour seins maman)

• 2 tubes de pommade (pour fesses bébé)
• *Le Guide du jeune père*. Version luxe, relié pleine peau.
• 1 petite baignoire plastique
• 1 savon bébé
• 1 pneu de secours
• 1 shampooing bébé
• 1 thermomètre pour bain
• 1 petite brosse à cheveux
• 1 paire de petits ciseaux à bout rond
• 5 ou 6 jouets en peluche
• 6 fourchettes à huîtres
• 3 ou 4 hochets
• 20 couches
• 6 biberons en verre (si non-allaitement)
• 12 biberons en verre (si parents maladroits)
• 12 biberons en plastique (si parents très maladroits)
• 1 assortiment de tétines
• 1 stérilisateur
• 1 chauffe-biberons
• 1 masse d'eau minérale
• 1 goupillon (sabre inutile)
• 2 forts paquets de lait maternisé
• 6 petits pots carotte (en cas de diarrhée)
• 6 petits pots pruneau (en cas de constipation)
• 1 gros sac fourre-tout (pour les rares sorties)
• 6 barils de lessive paillettes « douce »
• Valium, Tranxène ou Temesta à gogo
… ET SURTOUT, SURTOUT
• 10 grands cartons de boules Quies

Cette liste réduite ne constitue que le strict nécessaire. À l'usage, chacun s'apercevra tôt ou tard des lacunes qu'elle comporte. D'avance, nous nous en excusons.

Afin de ne pas décourager les vocations paternelles un peu hésitantes, nous avons jugé préférable de ne pas chiffrer le coût de l'affaire ; pour obtenir un devis réaliste, on s'adressera à n'importe quel père un peu expérimenté[1].

Enfin, ami lecteur, sachez que lorsqu'on travaille dans le calme, posément, c'est une véritable partie de plaisir que d'aménager une chambre de bébé ou même de procéder aux petites emplettes requises par la situation ; mais si l'on s'y prend nerveusement, au dernier moment, dans l'improvisation la plus totale, alors c'est une cause de divorce. Ce qui serait tout de même dommage, allons quoi !

Notre règle infaillible : compter autant de jours d'aménagement qu'il y a de mètres carrés. Dix mètres carrés, dix jours. Onze mètres carrés, onze jours. Et ainsi de suite.

1. 5 000 euros.

Notes pratiques

Pour plus de renseignements, le lecteur se reportera utilement aux ouvrages mentionnés ci-dessous :
« Néphropathies et hypertension artérielle au cours de la grossesse » *in Press. Méd.* n° 24, 18 mai 1963.
Un polichinelle dans le tiroir, par le Dr Van de Velde, Solar, 1987.
Les 100 Pires Accouchements de l'Histoire, par Joseph Kessel, Gallimard, 1922.
J'attends Madeleine, par J. Brel, Éd. du Tram, 1933.
Père, drame en trois actes d'August Strindberg, 1887.

FILMOGRAPHIE

Maternité (France, 1934, 87 min, comédie dramatique)
Un film de Jean Choux avec Françoise Rosay, Hella Müller et Thérèse Reignier.
Une fille-mère a des problèmes.
L'Éventreur de New York (Italie, 1982, 90 min, mélodrame)
Un film de Lucio Fulci avec Jack Hedley et Almanta Keller.
Des meurtres atroces sont commis.
Mères françaises (France, 1916, 45 min, comédie de mœurs)
Un film de Louis Mercanton et René Hervil avec Sarah Bernhardt et Gabriel Signoret.
La déclaration de la guerre vient perturber la vie d'un paisible village.

Deuxième partie

L'ACCOUCHEMENT, UNE ÉTAPE ESSENTIELLE VERS LA PATERNITÉ

Il est plus facile de mettre un enfant au monde que de mettre un locataire indélicat à la porte.

Pierre Ier de Serbie

Naguère, jadis, il n'y a pas si longtemps, avant tous ces bouleversements des mœurs inutiles et coûteux, le rôle du mari lors de l'accouchement était plutôt effacé. Tenu à l'écart, souvent supplanté par sa belle-mère venue s'installer à domicile, il attendait avec une inquiétude non dissimulée le jour de la délivrance.

Puis, quand l'action se précisait, il était expulsé de la salle de travail, rejeté dans de lointains couloirs ; il poireautait tel un minus en fumant comme un pompier. Oui, vous avez bien lu, le type fumait ! Et dans un hôpital, encore ! C'était une époque d'hommes rudes et audacieux.

Le futur jeune père tendait anxieusement l'oreille chaque fois que ses pas chancelants le rapprochaient de la porte derrière laquelle l'irrémédiable était en train de se produire. Les cris qu'il pouvait entendre, bien qu'assourdis, n'étaient pas faits pour calmer son émoi et lui donner meilleure conscience.

Il était pitoyable et souvent ridicule. Un péteux.

Plus tard, au contraire, le gars fut sommé d'assister au sanguinolent épisode. Et sans tourner de l'œil, SVP. Celui qui s'évanouissait, entraînant avec lui le monitoring et la sage-femme, était considéré comme un minus. Un incapable. Pire : un mauvais père.

Les temps étaient cruels.

Où en sommes-nous aujourd'hui ? Eh bien, disons-le, rien n'a vraiment changé. Nous autres, les futurs jeunes pères, nous sommes toujours aussi angoissés,

aussi ridicules, aussi pitoyables. De ce côté-là, rien n'a changé, et c'est rassurant. Mais question accouchement, c'est désormais madame qui décide. Si elle l'exige, vous devrez être présent et ne rien perdre du terrible spectacle. Si, à l'inverse, elle vous l'impose, vous serez rejeté dans un lointain couloir, avec tous les risques nosocomiaux qu'on connaît.
C'est atroce.

Chapitre 10

LE JOUR J

Au terme du neuvième mois de grossesse, on remarque souvent chez la jeune mère une certaine nervosité et une nette tendance à l'égocentrisme. C'est une période difficile pour le futur père qui, en rentrant du boulot, est obligé de réclamer à plusieurs reprises ses pantoufles et sa bière. Heureusement – et toutes les statistiques s'accordent sur ce point –, ce neuvième mois fatidique est généralement considéré comme le moment idéal pour mettre au monde le polichinelle, même si celui-ci se trouvait très bien dans son tiroir et même s'il fait un temps de chien dehors.

Les choses se passent le plus souvent au petit matin, alors que, tel l'employé de la Sécu après le déjeuner, vous somnolez dans un état de semi-conscience. Quelles choses, nous direz-vous ? Tout dépend de votre épouse.

C'est ainsi que, par exemple, une *exaltée* poussera sans prévenir un mugissement à vous ruiner un tympan puis vous secouera comme un prunier, alors que vous vous accrocherez désespérément à votre oreiller pour ne pas tomber du lit.

– Ça y est ! hurlera-t-elle tout soudain. J'ai eu une contraction ! Ça m'a fait très mal, c'est extraordinaire !

Une *chieuse* subira, elle, sa première contraction vers deux heures du matin et en profitera selon toutes vraisemblances pour perdre les eaux, c'est-à-dire transformer votre Dunlopillo en pataugeoire municipale. Une impression somme toute désagréable.

La *malade*, enfin, vous éveillera indirectement, puisque vous sursauterez au petit matin en l'entendant téléphoner à son gynéco.

– J'ai le col à trois centimètres, docteur ! gémira-t-elle d'une voix brisée, ce qui aurait de quoi émouvoir les plus endurcis d'entre nous.

Heureusement pour lui, l'époux d'une *patiente* a lu les œuvres complètes de Laurence Pernoud et du Dr Cohen-Solal ou autres fadaises, et peut réagir au quart de tour.

Réagir au quart de tour est, en effet, ce qu'on attend de vous. Pas nous, bien sûr, mais votre tendre épouse, qui s'apprête à passer dans le stress et la fébrilité de l'état de future jeune mère à l'état de jeune mère tout court.

Sur ce point, elles sont toutes les mêmes, croyez-nous. L'*angoissée* comme la *femme-enfant*, la *chieuse* comme la *Marie-couche-toi-là* : si vous ne vous magnez pas le train, vous risquez fort de décevoir. Le comportement à observer doit donc se rapprocher le plus possible de celui de Jack Bauer quand le président des États-Unis lui demande d'arrêter des terroristes sur le point de faire sauter New York. Le type se magne le train. Un max. Non pas que nous vous conseillions de buter tout le monde dans les prochaines vingt-quatre heures, ce serait exagéré. Sauter dans votre voiture suffira.

Une fois à bord, faites démarrer le moteur et comptez lentement jusqu'à sept en respirant par le nez. Profitez-en pour passer en revue cette ultime check-list.

Ultime check-list

1. Connaissez-vous l'adresse de la maternité ?
2. Avez-vous assez d'essence pour y parvenir ?
3. Possédez-vous un permis de conduire ? (Et vous reste-t-il assez de points pour brûler deux, trois feux rouges ?)
4. Avez-vous pris votre portable ? (Et votre batterie est-elle chargée ?)
5. Avez-vous emporté votre bombe d'Évian ?
6. Avez-vous pensé à enfiler un quelconque vêtement ? Un slip, au moins ?
7. Avez-vous pensé à emmener votre femme ?

N'appuyez sur le champignon qu'après vérification de ces différents points. Le septième, notamment, doit retenir votre attention.

Si tout est en ordre, qu'est-ce que vous attendez pour foncer ? Que votre femme accouche sur vos housses de siège neuves, peut-être ?

Songez, tout en bombant pied au plancher vers la maternité, que votre assurance ne couvre pas les dégâts des eaux du type amniotique et qu'un incident est toujours à craindre durant le trajet.

L'ARRIVÉE À LA MATERNITÉ

Détermination et self-control doivent être vos mots d'ordre dès que vous franchissez le seuil de l'établissement. Tout à la joie de la future naissance, ne vous laissez pas aller à baisser la garde. Les maternités sont une jungle, ami lecteur. Et, croyez-nous, vous n'êtes pas au bout de vos peines (votre femme non plus, d'ailleurs, mais nous nous écartons du sujet).

À peine entré dans les lieux, vous croisez le regard narquois d'une grosse femme en blouse blanche portant sur le sein droit le mot CHEF brodé en lettres rouges. La partie va être dure, il va falloir jouer serré…

Un simple coup d'œil sur votre épouse, accrochée à votre bras comme un aimant à une sangsue, vous indique que vous ne pourrez compter que sur vous-même pour lui assurer – ainsi qu'à votre futur bambin – un séjour confortable dans l'effroyable établissement.

Nous voyons déjà les plus avertis de nos lecteurs se reporter quelques pages en arrière et objecter mentalement avec indignation qu'au terme d'un précédent chapitre nous leur avions laissé entendre à mots couverts qu'il existait de menues différences entre les cliniques et les hôpitaux, et que de tels désagréments pouvaient être évités par un choix judicieux.

Certes, répondrons-nous crânement, mais ça n'écarte pas le problème des grosses femmes en blouse blanche portant sur le sein droit le mot CHEF brodé en lettres rouges.

Quoi qu'il arrive, même si votre épouse accouche sur un lit de vison avec des forceps en or massif, les mains moites de la G.F.E.B.B.P.S.L.S.D.L.M.C.B.E.L.R.[1] se refermeront toujours tôt ou tard sur sa peau délicate.

Il vous faut donc aller au-devant de l'affrontement.

Comment se gagner les bonnes grâces de la bonne grosse ?

Il n'y a pas trente-six moyens, il n'y en a que trois. À vous de choisir :

Méthode L.A. Express

Foncez-lui dessus et flanquez-lui un bon coup de saton dans les tibias, d'entrée de jeu. Elle se pliera en deux de douleur. Relevez-la d'un uppercut au menton, sec et précis, en mettant le paquet. Frappez fort, elle est de taille à supporter le choc, et un coup manquant de puissance pourrait lui donner l'idée de vous en coller une en retour. Ce qui pourrait faire mal.

Une fois à terre, achevez-la d'un bon coup de santiag dans le bide. Attendez qu'elle retrouve son souffle et laissez-la se relever. Puis saisissez-la brutalement par le col et plaquez-la contre le mur en hurlant : « Qui c'est le chef, ici ?! Hein, qui c'est le chef ?! »

Si elle répond : « C'est moi », refilez-lui une trempe. Si elle répond : « C'est vous, m'sieur », accordez-lui votre pardon. Tout se passera bien, dorénavant.

---

1. Même en abrégé, ça fait tout de même assez long, pas vrai ?

Méthode française

Approchez-vous de la grosse femme et serrez-lui la main, après avoir pris la précaution de garnir votre paume d'un confortable matelas de billets de vingt. Son visage revêche devrait s'éclairer et elle devrait trottiner vers votre épouse en yodlant de façon charmante, sur le thème : « Mais c'est cette chère Mme Champeytaud ! Laissez-moi vous aider, madame Champeytaud, etc., etc. »

Si elle regarde sans comprendre ou, pire, d'un air indigné, les billets que vous avez glissés dans sa main, adoptez immédiatement la première méthode.

L'APHORISME DU DR HERMANN PAULL

Une sage-femme qui n'affiche pas sur son corps, ses vêtements et ses instruments une propreté parfaite sera, dans la règle, plus nuisible qu'utile.

Méthode allemande

Avancez vers la matrone en blouse blanche en affichant un air suspicieux. Dès que vous serez assez près pour pouvoir lire son nom (en général brodé en petit, au-dessus du mot CHEF), sortez de votre poche un petit carnet noir et notez-le avec application. Déjà, la tranquille assurance de la grosse femme se fissure. Prenez votre temps, elle ne s'en fissurera que davantage.

Au dernier instant, laissez tomber le petit carnet. La curiosité sera trop forte, et la grosse femme se précipitera pour le ramasser. Laissez-lui le temps de déchiffrer l'étiquette habilement collée sur sa couverture :

ASSISTANCE PUBLIQUE
Inspection générale du personnel hospitalier

Lorsqu'elle vous le rendra, prenez un air embêté et lâchez le morceau :

– Je compte sur votre discrétion, n'est-ce pas ?

Le large sourire de votre interlocutrice prouve à quel point votre coup a marché.

Certes, tout cela a été plutôt fatigant. Mais votre épouse est maintenant confortablement installée dans la meilleure chambre de la maternité, et vous assistez, impuissant, au va-et-vient incessant d'individus en blouse blanche qui lui annoncent, après avoir effectué des examens que vous auriez tendance à trouver un peu trop intimes, qu'elle « en est à cinq centimètres, à six, à sept, à quinze, à cinquante-deux, c'est bon, on va pouvoir y aller ». Le tout dans une atmosphère survoltée, rythmée par les gémissements plaintifs de votre conjointe. Et pour vous, rien ! Même pas un rafraîchissement !

Tandis qu'on l'emmène sur une table roulante, vers son destin de reproductrice, une seule question se pose dans votre esprit déjà ébranlé par les événements de la matinée : y assister ou pas ?

Chapitre 11

Y ASSISTER OU PAS ?...

La question peut-elle encore réellement se poser ? Les futurs jeunes pères se seront vite aperçus que le sujet n'offrait guère matière à discussion et que la moindre hésitation en ce domaine, voire la plus petite trace de manque d'enthousiasme, risquait fort d'être interprétée par leurs admirables épouses comme un grave manquement au devoir conjugal. Point d'échappatoire donc, si madame le demande (68 % des cas), il faut y aller. Sinon, c'est le divorce. La pension alimentaire. La perte de la villa à Miami Beach.

Soucieux du bien-être de nos lecteurs et désireux de les préserver jusqu'à la dernière page de ce livre épatant, nous tenons cependant à prévenir ceux d'entre eux qui n'ont pas encore franchi ce cap qu'un accouchement n'a rien d'une promenade de santé. Ni pour la femme, ni pour le bébé, ni pour l'homme, ni pour personne dans l'hosto.

Nous ne nous étendrons pas sur les détails d'une mise au monde – par ailleurs évoqués dans les pages suivantes – mais nous croyons assez bien résumer le tableau en la comparant à un violent mélange de catch et d'interrogatoire façon Guantánamo. Atroce. À déconseiller aux âmes sensibles et aux jeunes pères de moins de dix-huit ans.

Certains de nos lecteurs pâlissent, leur front se couvre d'une fine pellicule de sueur glacée et un léger tremblement agite leurs mains moites – au risque de cochonner l'encre dispensée avec talent par notre imprimeur sur le luxueux papier de cet ouvrage. Qu'ils se rassurent. Nous ne les abandonnerons pas.

C'est à leur intention que nous avons dressé ce petit **mémento des reculades** qui devrait leur permettre d'échapper aux affres de la salle de travail tout en conservant une image intacte aux yeux de la jeune mère.

1. Reculade professionnelle

Prévenant, attentif, ébloui, vous avez accompagné votre femme jusqu'à la maternité, puis vous l'avez assistée, assis auprès de son lit, dans les premières phases du travail. Mais ses gémissements vous terrifient et un tic nerveux secoue déjà votre lèvre supérieure. Prétextant un besoin urgent, vous vous absentez un court instant, le temps de dégainer votre portable tout en quittant la pièce d'un air gêné. Quelques instructions brèves dispensées à un ami sûr et vous revenez auprès de votre épouse. La malheureuse passe un sale quart d'heure et vous blêmissez à vue d'œil. Vous lui tenez pourtant stoïquement la main et affichez un indétrônable sourire. Une femme en blanc vient chercher la future jeune mère pour l'emmener en salle de travail et vous lui emboîtez le pas lorsque, soudain, votre téléphone sonne. Ne répondez pas, occupez-vous de votre femme, ce ne sera plus très long. L'infirmière vous interpelle, exige que vous arrêtiez la crispante sonnerie. Alors seulement, jetez un coup d'œil sur l'écran de votre portable, prenez un air soucieux et laissez échapper quelques mots : « Contrat Dubai », « Millions de dollars » ou « Licenciement collectif », au choix. Attendez que votre femme elle-même, animée par cet admirable instinct de sacrifice qui caractérise l'épouse modèle, insiste pour que vous répondiez. Allez-y à contrecœur, saisissez le portable et poussez quelques exclamations indignées, puis rempochez l'appareil d'un air effondré. Revenez prendre la main de votre épouse et improvisez sur le thème « C'est le bureau / Un dossier urgent / Le patron lui-même / Je crois que c'est important / Mais ils peuvent aller se faire voir / Pas aujourd'hui, tout de même ! ».

Si tout se passe bien, vous devriez pouvoir regagner l'air libre quelques minutes plus tard.

INCONVÉNIENT : l'ami sûr peut vous faire chanter jusqu'à la fin de vos jours.

2. RECULADE ACCIDENTELLE

Impeccable, attentionné, ému, vous avez soutenu votre femme jusqu'à sa chambre et vous l'avez aidée à enfiler sa ridicule blouse bleue boutonnée dans le dos[1]. Vous restez près d'elle quelques instants, mais ses halètements désordonnés vous causent des palpitations. Sous le prétexte d'aller chercher une infirmière, vous quittez la chambre et foncez vers l'escalier le plus proche. Dans l'élan, sans faiblir, crochetez-vous une jambe et protégez-vous la tête. Dites-vous que vous ne risquez pas grand-chose, puisque vous êtes dans un hôpital (à part les maladies nosocomiales et les prélèvements d'organes). Dès que vous aurez fini de chuter, poussez un hurlement (feint ou authentique, suivant la qualité de votre dégringolade dans la cage d'escalier), et attendez qu'on vienne s'occuper de vous. Perdez connaissance jusqu'à la fin de l'accouchement, puis venez retrouver votre femme en boitant.

INCONVÉNIENT : il n'est pas exclu que vous vous cassiez vraiment une jambe.

---

1. Le gentleman, en cette circonstance, s'abstiendra de toute blague grivoise, sous prétexte qu'on voit ses fesses. La jeune mère sur le point d'accoucher n'a aucun sens de l'humour. C'est bien regrettable.

3. Reculade morale

Trois ans avant de rencontrer la jeune fille qui deviendra la mère de vos enfants, coupez-vous les cheveux à ras, ne portez plus que des chemises blanches à col empesé et des costumes bleu marine, et tenez-vous droit à table. Le jour de l'accouchement, accompagnez votre épouse à la maternité Sainte-Marie-de-la-Félicité puis embrassez-la gentiment sur le front avant de la confier à sœur Thérèse de la Bénédiction de l'Enfant Jésus, la guichetière du couvent. Rentrez chez vous et tapez-vous une bière, vous l'avez bien mérité. Ça a été dur, mais vous y êtes parvenu : vous n'assisterez pas à l'accouchement. Votre femme ne l'aurait d'ailleurs jamais toléré.

Inconvénient : vous risquez fort d'avoir épousé une bigote qui vous empoisonnera la vie jusqu'à votre dernier jour, date à laquelle vous comparaîtrez devant le Tout-Puissant qui vous expédiera aussi sec au purgatoire pour vous apprendre à être aussi tordu.

4. Reculade judiciaire

Une nuit, tandis que dort votre épouse enceinte jusqu'aux yeux, munissez-vous d'un fil et d'une aiguille et cousez sur la poche intérieure de votre veste une étiquette portant votre nom et votre adresse. Le lendemain, après avoir embrassé votre tendre et chère comme si de rien n'était, affectez de vous rendre à votre bureau, mais arrêtez-vous en route pour braquer une banque. Dans le feu de l'action, prétextant un coup de chaleur, posez votre veste sur une chaise et terminez le braquage en manches de chemise. Puis filez avec le magot et cachez-le dans un endroit sûr. Reprenez alors le cours normal de vos activités, jusqu'à ce que la police vous retrouve. Si l'arrestation a lieu chez vous, protestez de votre innocence et clamez votre amour à votre épouse éperdue. Emprisonné, vous échapperez à l'accouchement ! Bien joué ! Une fois votre peine purgée, rentrez au domicile conjugal et suppliez à genoux votre femme de vous reprendre.

INCONVÉNIENT : si vous tombez sur un juge sévère, il n'est pas impossible que votre fils, privé durant si longtemps de père, soit lui-même devenu un délinquant. Vous avez attendu vingt ans pour le voir, vous pouvez bien attendre jusqu'à sa prochaine libération conditionnelle, non ?

5. RECULADE ABSOLUE

Accompagnez votre épouse jusqu'en salle de travail et tentez de tenir le coup. Tentez vraiment, jusqu'au bout. Si ses cris vous sont décidément insupportables, sortez dans le couloir et tirez-vous une balle dans la tête.

INCONVÉNIENT : vous serez mort.

***

Vous aurez peut-être remarqué, en lisant les lignes ci-dessus, que toutes les techniques connues de reculade présentent des inconvénients majeurs. C'est là un constat que plusieurs milliards de jeunes pères ont fait avant vous, ami lecteur, dont les auteurs de ce guide. Et c'est peut-être ce constat qui vous mènera à vivre en direct les inoubliables moments de la naissance de votre premier bambin.

Vous avez réussi
à ne pas assister à l'accouchement,
comment sauver les apparences ?

Dites-vous bien que votre attitude courageuse vous désigne du doigt aux remontrances de votre femme, de votre belle-famille et de tout le personnel de la maternité. Vous devez absolument montrer que vous ne vous désintéressez pas de la situation. Agissez :

- En prévision du grand jour, ne vous rasez plus pendant une semaine.
- Achetez-vous un costume en lin (ça froisse mieux) et piétinez-le avant de le mettre.
- Prenez un air hagard dès votre arrivée à la clinique où vous resterez dans le couloir.
- Ne vous retournez pas sur les jambes des belles infirmières.
- Et encore moins sur celles des moches.
- Chaque fois qu'une porte s'ouvre, bondissez sur tout ce qui porte une blouse blanche en hurlant : « Alors, docteur ?! », comme dans *Dr House*.
- Sursautez chaque fois que le téléphone sonne.
- Même si l'accouchement dure longtemps, évitez d'aller vous taper un gueuleton à la brasserie d'en face. Si vous ne résistez plus, nourrissez-vous à contrecœur d'un sandwich.
- Saisissez nerveusement un magazine et tournez-en violemment les pages, sans parvenir à lire une ligne.
- Évitez les journaux de cul.
- Toutes les vingt minutes, levez-vous brusquement et faites les cent pas en vous massant la nuque.

Peut-être vous pardonnera-t-on…

Chapitre 12

COMMENT SE COMPORTER EN SALLE DE TRAVAIL

LA MISE EN GARDE DU DR HERMANN PAULL

Certains hommes, excellents maris par ailleurs, supportent avec peine le déroulement sanglant de la naissance. Les souffrances de la femme aimée les rendent inquiets, très tendus, quand ce n'est pas complètement prostrés. Il va de soi que dans cet état ils ne sont d'aucun secours.

LA DEUXIÈME COUCHE DES AUTEURS

De tels individus méritent-ils le nom d'hommes, Hermann?

Ému, maladroit, crispé, le futur jeune pèrc est souvent lamentable en salle de travail. Nous dirons qu'il est surtout mal préparé.

La future jeune mère, paresseusement étendue à l'endroit le plus confortable de la pièce et objet de toutes les attentions, pense hélas encore trop souvent à se laisser dorloter, sans tenir compte de la situation délicate de son époux. Livré à lui-même, négligé – voire bousculé –

par le personnel hospitalier, l'homme se sent abandonné, ignoré, en un mot mal à l'aise. Dans ce contexte pénible, les caractères les plus faibles sont brutalement mis au jour et certains pauvres bougres aux nerfs fragiles craquent lamentablement. D'autres, au contraire, pèchent par excès de zèle et deviennent vite pesants.

Comment trouver le juste milieu ?

Une fois de plus, nous sommes là pour vous le dire.

Quelques exemples valant mieux qu'un long discours, nous vous proposons de passer en revue plusieurs comportements types jugés indésirables, pour des raisons fort différentes, comme vous allez le voir.

Les pénibles

Les futurs jeunes pères de cette vaste catégorie finissent toujours par lasser le personnel de la maternité et se font parfois même virer comme des malpropres. Nous ne saurions donc trop vous déconseiller d'être un pénible.

• **Le roi du clip** ne vit pas l'accouchement, il le filme. Le triomphe du numérique a ouvert des horizons nouveaux à ces grands timides qui se réfugient derrière l'œilleton de leur portable ou de leur Caméscope pour masquer leur émoi. C'est admirable. Mais cette pudeur déguisée agace très vite tout le monde dans la salle de travail, surtout quand le *roi du clip* joue des coudes pour chercher un angle intéressant, en chuchotant des « Poussez-vous, quoi, vous êtes dans le champ ! » d'une voix pressante mais étouffée, à cause du micro.

• **Le curieux** est surtout venu pour s'informer. Il n'a encore jamais assisté à une naissance et compte combler sans retard cette lacune. S'il ne comprend pas ce qui se passe, il le demande à la sage-femme, même si celle-ci a autre chose à faire de plus urgent. Aux yeux du *curieux*, rien n'est plus urgent que l'épanchement de sa soif de savoir. S'il ne voit pas bien, le *curieux* n'hésite pas à se frayer un chemin vers le centre d'intérêt, et peut devenir aussi pénible que le *roi du clip*. L'attitude du personnel à son égard se dégrade en général assez rapidement, et certains curieux excessifs se voient même priés de la fermer une bonne fois pour toutes. C'est regrettable, mais ils l'avaient cherché.

• **Le Libanais** est venu en famille. Au fil des heures, le temps que la nouvelle se répande, la salle de travail et ses abords immédiats se remplissent d'une foule bigarrée qu'aucune police au monde ne pourrait disperser. Si l'accouchement se prolonge, tout ce petit monde s'installe et devient vite envahissant. Les enfants crient et courent partout, les vieux jouent aux cartes sur une valise posée sur leurs genoux, les femmes font la lessive. Tout cela finit par faire régner dans la salle de travail un niveau sonore préjudiciable à l'équilibre nerveux de la sage-femme. Dangereux.

• **Le standardiste** est une sous-variété du *Libanais*, dont la famille habite malheureusement trop loin pour participer directement à l'événement. Faute de mieux, le *standardiste* commente alors l'événement sur son portable et, dans la fièvre de son reportage, oublie parfois que la jeune mère a des oreilles. Il n'en faut hélas pas plus pour qu'un couple se fissure.

• **Le confrère** est médecin, et l'a fait immédiatement savoir à tout le personnel Si quelque chose se passe mal, qu'ils se rassurent, il est là. Notons qu'il est extrêmement rare que les choses ne se passent pas mal aux yeux du *confrère*. D'où un sens critique qui peut finir par lasser le praticien en charge et nuire à sa tranquillité d'esprit. Il n'est pas rare qu'un *confrère* reçoive une baffe.

• **Le maladroit** ne pense pas à mal, mais suscite souvent l'agacement du personnel spécialisé par les catastrophes qu'il provoque. Sa nervosité croissante gagne souvent la jeune mère, puis l'anesthésiste, la sage-femme et le gynéco lui-même, qui oublie de s'occuper du futur nouveau-né pour garder un œil angoissé sur son père, dans l'attente d'une nouvelle gaffe. Certains *maladroits* renversent leur verre d'eau sur le monitoring, d'autres bousculent involontairement l'anesthésiste durant la péridurale, d'autres enfin laissent glisser à terre le nouveau-né qu'une sage-femme imprudente leur a confié, encore tout gluant, quelques instants après sa venue au monde. Souvent, le *maladroit* assiste aux dernières phases de l'accouchement de sa femme ficelé et bâillonné dans un coin de la pièce.

Les mauvais

Moins nuisibles que les futurs jeunes pères de la précédente catégorie, mais beaucoup plus exposés aux représailles de la part de leurs jeunes compagnes, les mauvais donnent l'impression de ne pas percevoir toute l'importance de l'événement. Il est très néfaste d'être un mauvais.

• **Le bavard** est parfois l'époux d'une jeune mère accouchant sous péridurale. Au fil des heures, la situation finit par désintéresser le *bavard* qui ne peut s'empêcher d'entreprendre le gynécologue sur un sujet n'ayant strictement aucun rapport avec l'accouchement. Ce qui énerve souvent les jeunes mères qui estiment – et on ne peut pas le leur reprocher – que ce n'est pas parce qu'elles ne sentent rien qu'il faut se désintéresser de leur sort.

Toutes les statistiques démontrent qu'on enregistre une forte proportion de *bavards* durant les phases finales des Internationaux de tennis de Roland-Garros, en période d'élection ou de Coupe du monde de football. C'est étrange.

• **L'affamé** se manifeste dans les cas d'accouchements longs, où le travail dure plus de cinq heures. Nous avons tout lieu de croire que certains jeunes pères à la conduite irréprochable auraient pu devenir des *affamés* – au risque de gâcher leur vie – si l'accouchement de leur femme avait été moins rapide.

Les jeunes pères de cette catégorie ne se signalent en effet pas immédiatement, et les jeunes mères ne peuvent que se féliciter de leur conduite durant les premières heures du travail. Puis, peu à peu, l'attention de l'*affamé*

s'émousse, il commence à se ronger les ongles et son ventre émet des gargouillis. Dans les minutes suivantes, l'*affamé* s'absente sous un prétexte futile et se rue vers le bistrot d'en face pour se taper une bonne choucroute.

Lorsqu'il revient, enfin rassasié, l'*affamé* a parfois la surprise de découvrir en salle de travail une autre future jeune mère, son épouse ayant fini d'accoucher depuis un bon bout de temps et l'attendant dans sa chambre avec une certaine impatience.

Il faut remarquer que les explications confuses fournies par l'*affamé* sont rarement jugées convaincantes par la jeune mère. Surtout s'il sent la bière et qu'une saucisse dépasse de sa poche.

• **L'absent** est, ne nous trompons pas, bien présent à la maternité au moment de l'accouchement. Malheureusement, il ne cesse de déserter la salle de travail sous les prétextes les plus divers : passer un coup de fil, griller une cigarette sur le trottoir, faire pipi ou aller chercher une infirmière. Immanquablement, l'*absent* n'est pas là lorsque l'enfant paraît, et ça crée un drame. D'autant plus que certains *absents*, sûrs de leur bonne foi, vont jusqu'à reprocher à leur épouse de ne pas avoir attendu leur retour pour mettre au monde le marmot. Ce qui, fatalement, agace.

• **Le confiant**, lui, ne quitte pas un seul instant la salle de travail, mais il arrive que la jeune mère elle-même lui ordonne de vider les lieux, ulcérée par son calme et ses propos lénifiants. Manifestant – comme son nom l'indique – une excessive confiance en l'efficacité de la péridurale, la technique de la sage-femme ou la solidité des forceps, il refuse de prendre au tragique la situation, ce qui est exactement contraire à l'état d'esprit de sa compagne qui, elle – et peut-on l'en blâmer ? –, considère qu'elle n'a jamais été aussi près de la mort. D'où une incompréhension mutuelle qui, un mot en appelant un autre, peut rapidement mener aux plus sévères engueulades. Souvenez-vous-en.

Les misérables

Ultime catégorie de compagnons lamentables, les misérables ne soulèvent pas la colère de leur femme ou du personnel de la maternité, mais leur mépris. Leur image en sort évidemment diminuée, affaiblie, à un moment critique de leur existence de jeune père. Nous vous supplions donc humblement de ne pas être misérable.

• **Le sensible** est, selon toutes les statistiques, le plus répandu des misérables. Dès son arrivée dans la maternité, la plus petite odeur d'éther le rend livide, le moindre gémissement le fait sursauter. Son sourire figé et les larges auréoles qui maculent sa chemise le rendent heureusement facilement repérable, et une infirmière est en général chargée de le tenir à l'œil durant les premières minutes de l'accouchement. Les premières minutes seulement, parce que le *sensible* tient rarement le coup longtemps. La seule vision de la seringue servant à effectuer la péridurale suffit à faire tourner de l'œil 23 % de *sensibles*. 17 % tombent dans les pommes en voyant le gynéco enfiler ses gants de caoutchouc. 31 % s'effondrent au moment de l'épisiotomie et 28 % vont à dame lorsque apparaît la tête violacée de leur rejeton[1].

1. Les plus attentifs de nos lecteurs auront remarqué qu'il manque 1 %. Ce pourcentage est celui des *hypersensibles*, qui ne parviennent même pas jusqu'à la salle de travail.

Lorsqu'on les réveille, les *sensibles* croisent le regard goguenard d'une infirmière musclée qui en a vu d'autres. Une tragique certitude leur vient alors immanquablement à l'esprit : ils n'ont pas fini d'en entendre parler. En outre, mais ils ne le savent pas encore, ils ont chopé une cochonnerie nosocomiale. Ah, merci du cadeau !

• **Le mal placé** pourrait s'apparenter à deux catégories de pénibles, le *curieux* et le *maladroit*, mais sa discrétion naturelle et sa timidité maladive le rangent dans le clan des misérables. Sans doute aimerait-il voir ce qui se passe, mais il a peur de gêner et se contente de tendre un cou de cigogne pour tâcher d'apercevoir quelque chose. Assurément, il souhaiterait se trouver auprès de son épouse pour lui tenir la main et lui murmurer quelques paroles d'encouragement, mais la masse imposante de la sage-femme l'en empêche. Peut-être même aurait-il eu l'intention de voir son enfant lorsque celui-ci est déposé sur le ventre de la jeune mère, quelques secondes après sa naissance, hélas le gynéco et ses assistants font écran et le *mal placé* se contente d'attendre son tour.

Certains jeunes pères particulièrement *mal placés* se voient parfois injustement traités d'*absents* par leur épouse. Ils sont alors abusivement classés dans la catégorie des mauvais et finissent dans la plupart des cas par sombrer dans l'alcool.

• **L'homme au spray** s'est donné à lui-même une mission sacrée : humidifier à l'aide d'un brumisateur d'Évian le visage de son épouse lors de l'accouchement. Aveugle et sourd aux rictus et aux ricanements de la sage-femme, *l'homme au spray* se cramponne à son aérosol comme une tique à un caniche et finit même parfois, dans les cas extrêmes, par avoir l'impression de faire partie du personnel de la maternité.

Entièrement dévoué à sa mission, *l'homme au spray* ne voit pas grand-chose durant l'accouchement, à part le visage ruisselant de son épouse, que cet arrosage incessant finit parfois par lasser.

***

Nous voyons d'ici les nobles traits de nos lecteurs se décomposer. Certains, grâce à nous, mesurent l'ampleur du péril auquel ils ont échappé et renoncent *ipso facto* à ouvrir leur blog dès leur arrivée à la maternité. D'autres réalisent avec effroi qu'ils ont été misérables, voire mauvais, voire pénibles, et coulent vers leur bien-aimée un regard chargé de remords. Ce n'est rien, les enfants, ne nous remerciez pas[1]. À notre place, vous en auriez fait autant. La prochaine fois, demandez à ceux qui savent, d'ac ? Allez, tchao les copains.

---

1. Si vous y tenez absolument, foncez chez votre libraire et achetez-lui trente-six exemplaires de ce livre. Ça suffira.

Chapitre 13

LES CAS EXTRÊMES

Il y a des gens qui ont vraiment le don de tout prendre au tragique. Ainsi Lamartine, lorsqu'il s'interroge avec emphase : « Quel crime avons-nous fait pour mériter de naître ? » ou encore Chateaubriand, quand il écrit ces lignes furieusement noires : « Après le malheur de naître, je n'en connais pas de plus grand que celui de donner la vie à un homme. » En vérité, que penser de telles réflexions amères, excessives, pessimistes en diable ?

Rien de bon, assurément. C'est avec un haussement d'épaules qu'il conviendrait de les accueillir – voire avec un petit sourire sarcastique et désobligeant. Mais oui. À les bien relire, on en vient presque à déplorer que ces deux incurables poseurs soient morts et enterrés, tant on aimerait leur envoyer une bourrade dans les côtes et rire avec eux de leurs idioties.

La plupart du temps, la naissance est une chose merveilleuse, un moment bouleversant, un sommet de la destinée humaine. Comment assister sans émotion au spectacle saisissant de ce petit être nu, sans défense, qui surgit hors de sa mère et s'éveille au monde avec force grimaces et convulsions, en mugissant comme un paquebot ?

La tradition populaire parle d'« heureux événement », et franchement, on n'oserait pas lui donner tort.

Mais il peut se faire aussi, hélas – et ce n'est pas sans de formidables réticences que nous abordons ce sujet ô combien épineux –, mais il peut aussi se faire, donc, hélas, que l'accouchement de votre conjointe ne vous apporte pas toutes les satisfactions attendues, et qu'il vous réserve même un de ces coups du sort atroces qui laissent comme assommés, hébétés, absolument annulés. Un chien de ma chienne, ainsi qu'on dit. Le manque de bol. La maxi-vacherie.

En d'autres termes, et pour ne pas tourner autour du pot, il peut se faire que votre enfant soit hyper-moche.

Comment réagir ? Quelles démarches entreprendre ? À qui la faute ? Ce n'est ni dans la panique ni dans la précipitation qu'on pourra utilement répondre à ces questions ; d'emblée, pour expliquer les choses, trois hypothèses viennent à l'esprit, trois éventualités qu'il conviendra d'explorer à fond avant d'agir.

Car si l'on est en droit de se montrer sévère dans une situation aussi surprenante, il faut aussi savoir rester juste.

Les trois hypothèses envisageables

1. Votre compagne est hyper-moche.

Mais qu'est-ce que vous voulez qu'on vous dise ? La génétique a tranché pour elle, c'est clair. Vous l'avez dans l'os.

2. Tu es toi-même très laid, vieux.

Et alors, Quasimodo, qu'est-ce que t'espérais ? Que le bon Dieu allait te le transformer en Brad Pitt, ton affreux marmot ?

3. Ni vous ni votre épouse n'êtes moches.

Dans ce cas, cher monsieur, et dans ce cas seulement, madame vous doit des explications, que vous ne manquerez pas de réclamer haut et fort. Car non seulement elle vous a trompé, mais en plus avec un type hyper-moche. Ou alors, autre hypothèse néanmoins déplaisante, il y a dans son patrimoine génétique un chromosome fâcheux. Observez vos beaux-parents de près. Votre beau-frère. Toute la smala. Sont-ils beaux ? Non ? Eh ben ne cherchez pas plus loin…

Puisque nous en sommes au chapitre des catastrophes, force est d'évoquer l'autre grand drame des naissances, celui qui frappe à l'heure actuelle près d'un foyer sur deux – statistique affolante ! – et qu'on pourrait résumer en sept mots tout bêtes : MON BÉBÉ EST UNE FILLE. QUE FAIRE ?

D'aucuns, c'est à noter, ne se poseront même pas la question et accueilleront leur gamine avec résignation, et parfois avec enthousiasme ! À ceux-là, nous adressons par avance nos plus chaleureuses félicitations. Il n'y a jamais trop de présences féminines sous un toit familial.

Mais que dire aux pères inconsolables qui rêvaient nécessairement d'avoir un héritier mâle, brutal et bien couillu ? Comment leur faire surmonter leur colossale déception, les empêcher de tout envoyer en l'air, dans un moment d'abattement particulièrement maous ? En vérité, nous l'ignorons. Il n'existe pas de baume pour une blessure de ce calibre.

Que nos malheureux castrats de l'espoir méditent néanmoins cette évidence : il vaut mieux avoir tout de suite une fille, carrément, plutôt qu'un garçon qui se conduira comme une vraie gonzesse. Et qu'ils se souviennent encore – si cela doit les aider – que leur mère aussi était une fille.

Est-ce que ça les a empêchés de s'y attacher, à la longue ?

LE DIAGNOSTIC DU DR HERMANN PAULL

Si l'enfant naît avec une taille de 35 centimètres au moins mais que le processus respiratoire ne se déclenche pas chez lui, on parle d'un mort-né.

LA PRÉCISION DES AUTEURS

Si le processus respiratoire de l'enfant se déclenche bien, mais qu'il naît avec une taille de 2,12 mètres, on parle d'évacuer la salle de travail.

Chapitre 14

LA PREMIÈRE CORVÉE

Bébé est là, tout va pour le mieux ; il ne reste qu'à faire chauffer le portable pour annoncer la chose. À qui ? En quels termes ? De sages conseils ne vous seront pas inutiles.

Observons que la jeune accouchée se serait volontiers chargée de la besogne, mais elle est encore pâlotte ; rester pendue au téléphone pendant des heures ne lui ferait certes pas peur, même dans son état d'extrême épuisement, mais cette chambre de clinique où l'on ne cesse de venir lui prendre sa température, relever sa tension, l'enduire de liquides divers, de la retourner dans tous les sens et de l'asperger de poudres comme une gaufre en lui lançant des sourires d'encouragement, cette chambre n'est pas le lieu idoine aux longs épanchements téléphoniques.

De surcroît, c'est au mari qu'il appartient – la coutume le veut – de battre le rappel et de claironner la nouvelle aux oreilles du monde ébahi. La mission est pour vos pieds, c'est indiscutable. Et c'est en l'acquittant, lecteur innocent, que vous prendrez conscience d'un fait tout simple, flagrant, dont l'énormité aurait déjà dû vous crever les yeux : L'ENFANT QUI VIENT DE NAÎTRE N'EST PAS SEULEMENT LE VÔTRE.

Il serait plutôt, comment dire, le fruit, le croisement, le produit de deux lignées bien distinctes, de deux traditions, de deux univers, ou si vous préférez de deux familles, dont une au moins vous est parfaitement étrangère.

À moins que vous n'ayez épousé une fille unique, orpheline et totalement coupée du monde, votre conjointe ne manquera pas, malgré son épuisement, de vous communiquer la liste des personnes à joindre. Vous pourrez ainsi juger de l'étendue de sa parenté et de ses relations. Vous découvrirez avec intérêt qu'elle est l'arrière-cousine ou la petite-nièce de toute une série d'individus hauts en couleur, tapis dans les provinces les plus insoupçonnées ; vous ferez aussi la connaissance – auditive, mais ça devrait suffire – de ses multiples copines.

Vous aurez droit en prime à ses collègues, mâles et femelles – femelles surtout. Bref, au travers de toutes ces voix lointaines et inconnues, c'est une nouvelle image de votre compagne qui va s'esquisser pour vous.

Souhaitons que votre ménage y résiste.

En attendant, vous avez une longue et lourde tâche sur les bras, une sorte de mission sacrée qu'il vous faut accomplir dans les meilleurs délais.

Dans quel ordre procéder ? Vous pouvez commencer par les personnes que vous connaissez, ou par les coups de fil qui vous semblent les plus pénibles, ou les plus attrayants ; toutes les méthodes sont admissibles, pourvu que votre mère ait été avertie la première.

Pour ce qui est de la belle-mère, ne vous bilez pas : votre épouse a fait le nécessaire.

Quel ton adopter ? Variable en fonction du correspondant mais toujours correct. Vous êtes un père de famille à présent, et la pondération s'impose. Si la naissance de votre enfant vous a mis dans tous vos états, si vous êtes surexcité, fantastiquement ému, ne le laissez pas trop paraître (sauf avec votre mère). Les sanglots, les hoquets, les interjections incompréhensibles et les grands éclats de rire hystériques seront proscrits de la conversation.

À l'inverse, ne versez pas dans l'élocution sèche, rigoureuse et contenue à l'excès ; on vous reprocherait d'être insensible.

Enfin, et c'est important, abstenez-vous de toute vulgarité. Des expressions du genre : « chié le lardon », « démoulé le clown » ou même « largué le paquet » (pourtant tellement imagées !) ne devront en aucun cas être prononcées.

Que dire, alors ? Le strict nécessaire, plus un ou deux mots gentils. En fait, que nos lecteurs à l'éloquence laborieuse se rassurent, ils n'auront guère à fournir d'efforts. Tous leurs interlocuteurs voudront systématiquement connaître les mêmes détails sans grand intérêt. À savoir et dans l'ordre :

– l'heure exacte de la naissance,
– le sexe de l'enfant,
– son poids,
– sa taille,
– son prénom,
– s'il a des cheveux,
– si la mère en a bavé un max.

Sur cette base pauvre à l'extrême, on conçoit qu'il ne sera pas trop difficile de préparer un petit speech valable pour tout le monde. Attention ! Prenez grand soin de ne pas varier d'un iota dans vos déclarations ; certains de vos correspondants vont en effet communiquer entre eux, et s'ils relèvent la moindre contradiction, le plus infime flou dans votre version des faits, ils n'hésiteront pas à réclamer un complément d'information, et ce sera la valse des mises au point, des rectificatifs et des démentis.

Une perte de temps considérable.

Concluons cet exposé par deux considérations d'ordre général qui seront aussi, nous l'espérons, deux notes d'espoir.

Si vous êtes dépassé par l'ampleur de ce qu'on exige de vous, si vous avez réellement trop de personnes à contacter, alors n'hésitez pas à déléguer vos pouvoirs ; ne perdez jamais de vue qu'une ancêtre à la langue bien pendue est un véritable relais de propagande, capable d'alerter en un temps record – et sans fléchir – tout un pan du territoire national.

D'autre part, sachez que la venue au monde d'un enfant peut être l'occasion de grandes réconciliations familiales. Imaginons, par exemple, que vos parents soient brouillés depuis une bonne quinzaine d'années avec l'oncle Fernand, pour une sordide histoire de viager en propriété indivise ; pourquoi ne pas appeler le vieillard buté, pourquoi ne pas lui tendre la main dans ce moment de grand bonheur ?

– Allô, c'est moi, Jean-Michel, ton neveu… Je voulais t'annoncer que je suis papa…

Il se peut qu'à l'autre bout de la ligne une voix rogue vous réponde alors :

– Qu'est-ce que tu veux que ça me foute ?

Dans ce cas, deux solutions possibles :

1. L'oncle Fernand est toujours fâché.

2. Vous vous êtes trompé de numéro (réessayez, pour voir).

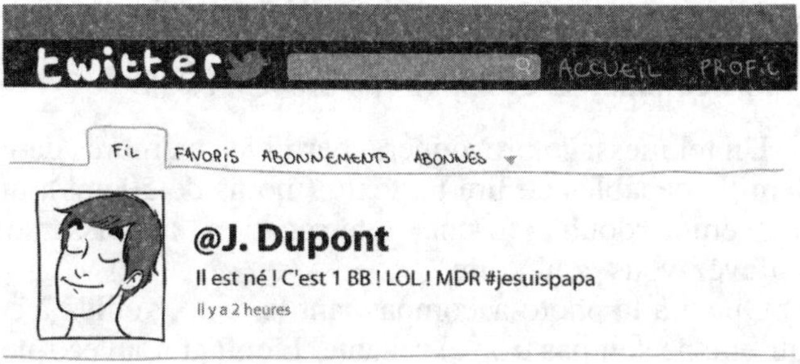

L'annonce par texto :

Certains jeunes pères particulièrement désinvoltes pensent couper court à la fichue corvée en envoyant un texto à toute la tribu, agrémenté d'une photo prise quelques instants après la naissance. C'est formidable. Ce sont les mêmes qui envoient des brouettées de SMS le 31 décembre à minuit et qui bloquent tout le bazar. De mauvais Français.

Si vous êtes vous-même un mauvais Français, que faut-il écrire dans votre SMS ?

• Vous pouvez opter pour le message humoristique niais :

Bjr. Je m apl Pauline. Née 19h12. Je pz 3,2 kg pr 53 cm. Je suis tro choute. Tcho, cé l'h de mon bib.

Un texto poilant, avouons-le, bien qu'assez lamentable.

• Vous pouvez également opter pour l'information pure, sans négliger une touche humoristique niaise à la fin.

Objet : naissance

19h12. 3,2 kg 53 cm. Deux bras. Deux jambes. Deux têtes. ;-)

• Mais le plus souvent, dans l'émotion du moment, ça donne ça :
FII née 19.12. 32 et 53. Vs rpl. Creués. Lol XD

Un tel message provoquera, parmi les membres de la famille capables de lire un texto (moins de 50 ans), un vif émoi doublé d'une interrogation angoissante : qu'avez-vous voulu dire ?

Quant à la photo accompagnant le texto, veillez à ce qu'elle ne soit pas trop alarmante. L'enfant nouveau-né, rappelons-le, peut être de teint jaunâtre, rougeâtre, avec des yeux bouffis de batracien et une véritable tronche de cake ! Veillez à le photographier sous son meilleur profil.

Chapitre 15

LE PROTOCOLE DES VISITES

Rameuter les foules, faire donner la vieille fanfare, apporter le maximum de publicité à la naissance de son enfant, c'est très bien ; mais c'est aussi prendre le risque de provoquer des visites en chaîne à la maternité. Une fois encore, ami lecteur, vous serez en première ligne.

À quoi ressemble la chambre d'une jeune accouchée ? Ce peut être un vaste dortoir genre assistance publique, une pièce à deux ou trois lits, ou encore, si vous avez cru bon de raquer le supplément – votre bonté vous perdra – une chambre individuelle ; dans tous les cas, ce n'est jamais le lieu des défilés permanents et des rassemblements intempestifs. Au contraire.

S'il y a d'autres femmes alitées alentour, leur présence constituera une gêne constante, elles tenteront d'écouter les conversations, elles y prendront part peut-être, ce sera un enfer ; si madame est seule à bord, l'exiguïté de sa piaule interdira de façon plus stricte encore les grandes manifestations de masse. D'autant que la pauvre fille est éreintée, ne l'oublions pas ; elle est bien fichue d'avoir encore mal au ventre, elle éprouve en tout cas un immense besoin de repos.

Or, en face de cela, que voyons-nous ? Une ruée odieuse. Un abominable déferlement de bonnes intentions. Un constant débarquement d'enflures.

Les gens, pris dans leur ensemble – et pour peu qu'ils soient bien portants –, ont un formidable appétit d'hôpital ou de clinique (inconscients qu'ils sont du danger nosocomial qui rôde !). Ils adorent y aller faire un tour, comme ça, rien que pour voir, les bras chargés de fleurs, de bonbons, de menus cadeaux. Et les rares qui s'abstiendraient volontiers de venir, les natures sensibles qui défaillent à la vue d'une blouse blanche, qui ne supportent pas les remugles d'éther, ces rares-là rappliquent également ! Par politesse. Et c'est bien normal, puisque vous leur avez téléphoné ! Par politesse.

La politesse est l'ennemie du jeune père.

LA POLITESSE EST LA PIRE ENNEMIE DE TOUT HOMME CIVILISÉ !

Vous n'irez pas contre l'élan malsain de vos semblables, cher monsieur. Un roseau, si souple fût-il, ne saurait contenir à lui seul le torrent tumultueux des visiteurs de maternité. Mais à défaut de résoudre le problème, vous devrez au moins l'affronter ; endiguer le flot, canaliser les groupes, ventiler les familles, tel sera votre objectif. Et vous ne l'atteindrez jamais sans une certaine fermeté d'attitude.

Votre premier soin sera d'éviter les engorgements à l'intérieur du périmètre critique, en faisant alternativement appel à deux vieux principes fameux, selon l'urgence de la situation :

Premier temps : « Chacun son tour. »

Second temps : « Circulez, y a rien à voir. »

Instituez si besoin est un temps de présence – à titre indicatif, dix minutes par tête – et n'admettez aucun dépassement. Pour savoir si la vitesse de rotation des intrus est satisfaisante, jetez de loin en loin un regard à votre épouse. Tant qu'elle ne dit rien et qu'elle se contente de sourire avec placidité, c'est que le rythme est bon ; maintenez-le. Si elle se met à parler d'une voix très aiguë, accélérez rapidement la cadence jusqu'à ce que la plus grande fluidité du trafic ramène quelques couleurs sur les joues de la malheureuse.

S'il le faut, interrompez carrément la séance, et faites évacuer la salle. N'hésitez pas, pour éconduire les traînards, à user de mots forts, de gestes sans équivoque, mais ne recourez qu'en toute dernière extrémité au coup de pied au cul. Nous ne sommes quand même pas chez les sauvages.

Les inévitables blessures d'amour-propre mises à part, l'unique grosse difficulté, s'il doit y en avoir une, viendra de votre mère – est-ce une surprise ? – et aussi de votre belle-mère. Laquelle de ces deux femmes, qu'un absurde coup du destin a rendues grands-mères d'un même enfant – le vôtre, hélas –, laquelle de ces deux femmes, donc, pénétrera-t-elle dans la chambre avant l'autre ? Épineuse question de préséance, qu'on ne saurait trancher à la légère.

Les personnes du beau sexe, pragmatiques de nature, avancent que la mère de madame doit avoir le pas sur celle de monsieur ; les hommes, plus traditionalistes, accordent la priorité inverse. L'idéal serait bien sûr que les deux intéressées se rendissent de concert à la clinique et qu'ensemble au même instant elles découvrissent le nourrisson. Mais nul ne songerait à préjuger du résultat d'une telle confrontation, tenue dans un endroit clos et restreint, et l'on renoncera sagement à l'organiser si on tient à ses nerfs. Une seule règle donc : QUE LA PREMIÈRE ARRIVÉE L'EMPORTE ! Allez, les mamys, top départ !

QUELQUES RÈGLES DE SAVOIR-VIVRE...

En présence de la jeune accouchée et du nouveau-né, tous les visiteurs, quels qu'ils soient, devront s'astreindre à un minimum de tenue.

Vous ne tolérerez jamais :
- qu'on fume,
- qu'on crache,
- qu'on pète,
- qu'on s'approche du berceau avec la goutte au nez,
- qu'on embrasse le bébé,
- qu'on lui bave dessus,

– qu'on le tripote,
– qu'on tripote votre femme,
– qu'on vous tripote,
– qu'on tripote qui que ce soit dans la foutue chambre.

LE COUP D'ÉPINGLE DU DR HERMANN PAULL

La personne qui s'occupe d'un enfant a le devoir le plus strict d'être parfaitement propre sur elle-même. Linge et vêtements seront nets, cheveux, dents, bouche et ongles doivent être bien soignés.

Surtout – c'est fondamental –, vous étoufferez dans l'œuf, et par tous les moyens, les débuts de discussions morbides ou à vocation dramatique. Encouragées par le décor et l'ambiance mortifères du lieu, certaines personnes se croient autorisées à déballer n'importe quelles horreurs.

Voici quelques sujets de conversation inadmissibles :
– les infections postnatales graves,
– les éclatements de varices,
– l'ablation des hémorroïdes,
– les anesthésies qui tuent,
– les opérations chirurgicales qui foirent,
– les bactéries nosocomiales qui foudroient leur homme en moins de vingt-quatre heures,
– les enfants anormaux dont l'anomalie n'est décelable qu'au bout de plusieurs mois,
– les descentes d'organes,
– les descentes de police,
– les enlèvements de bébés suivis de mise à mort,
– la Coupe d'Europe de football.

Gardien du temple, barrage humain, responsable du maintien de l'ordre et seul protecteur de son épouse, le jeune papa doit encore – et c'est peut-être sa tâche la plus ingrate – filtrer soigneusement la masse des visiteurs et opérer un tri sévère, à chaud, sur le tas, dans le couloir.

Ne devront sous aucun prétexte franchir le seuil de la chambre :

– le photographe de la clinique (trop cher),
– les malades de la clinique,
– les malades de la famille,
– les vieillards sinistres,
– les épileptiques, catarrheux et pyromanes,
– les vieux copains déconneurs

… et, globalement, tous les fâcheux. Comment reconnaître un fâcheux ? En vérité, rien de plus aisé : c'est quelqu'un qu'on ne connaît pas, ou bien qu'on connaît trop ; il a d'ordinaire les yeux très rapprochés, les dents longues, les mains moites, un sourire torve aux lèvres, un faux air de ne pas y toucher, le nez plat et les sourcils énormes. Impossible de s'y tromper,

Mise au point préalable : Toute ressemblance entre le personnage improbable brièvement décrit cidessus et l'un quelconque de nos lecteurs chéris ne pourrait qu'être absolument fortuite.

Chapitre 16

IL A LE NEZ DE TONTON GEORGES !

Restez calme. Face à un nouveau-né, se sentant surveillé par les regards susceptibles des jeunes parents, tout visiteur de maternité se croit obligé de se livrer au petit jeu des ressemblances, histoire de meubler la conversation. C'est souvent un moment éprouvant pour le jeune père qui, naïvement, avait plutôt tendance à croire que son rejeton ne ressemblait qu'à lui. La preuve, c'est qu'il le trouve très beau.

À la fin d'une journée entière de visites, cette opinion peut avoir évolué si le jeune père se laisse aller à croire tout ce qu'on lui affirme.

Restez calme, on vous dit, et faites-nous confiance. Affichez un sourire béat, ce qui devrait contenter vos visiteurs, et faites mentalement le portrait-robot de votre héritier.

Ses cheveux sont fins, délicats, superbes.

Sa peau est lisse et douce comme une peau de bébé[1].

Ses yeux sont adorables, rieurs, éveillés.

Son petit nez est trognon.

---

1. Ce qui ne nous surprend guère.

Sa petite boubouche est à croquer.

Son tout petit mentounet est le plus mimi de tous les petits mentons de la terre.

Ch'est à qui, cha ? C'est à papa, le zouli bébé.

Ça y est ? Le portrait de votre adorable bambin s'est gravé dans votre esprit ? Regardez page suivante et contemplez, la larme à l'œil, le charmant visage du susnommé zouli bébé.

Admirable.

Tout à fait le portrait de son père.

Un soupir de pur bonheur vous gonfle la poitrine et, pour un peu, vous iriez jusqu'à vous attendrir. C'est magnifique.

Ainsi rassuré, imaginez un peu à quoi ressemblerait votre bambin s'il possédait vraiment, comme on vous l'a affirmé à longueur de journée :

– le front de son grand-père,
– les yeux de sa maman,
– le nez de tonton Georges,
– les oreilles de cousin Thomas,
– l'épaule droite d'onc' Donald,
– et la tête d'Alouette.

Non, ça prête à rire, vraiment. Et pourtant, vous êtes encore en dessous de la réalité. Si vous avez les nerfs solides et le cœur bien accroché, voyez ci-contre le visage disgracié de votre nouveau-né, tel qu'il se présenterait réellement si toutes les ressemblances qu'on lui prête étaient justifiées…

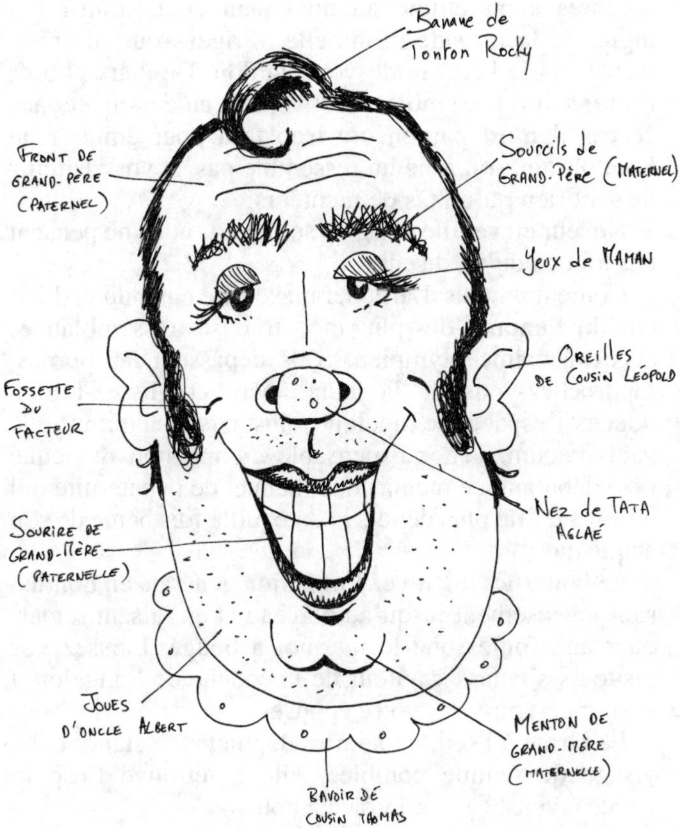

Banane de Tonton Rocky
Front de grand-père (paternel)
Sourcils de grand-père (maternel)
Yeux de Maman
Oreilles de cousin Léopold
Fossette du facteur
Nez de Tata Aglaé
Sourire de grand-mère (paternelle)
Joues d'oncle Albert
Menton de grand-mère (maternelle)
Bavoir de cousin Thomas

Après avoir étudié attentivement ce portrait-robot digne de la brigade criminelle, dirigez-vous discrètement vers le berceau de votre lardon. De deux choses l'une : soit il ressemble effectivement au dessin, et dans ce cas il n'est pas encore trop tard pour émigrer au Kazakhstan, soit il ne lui ressemble pas, et vos visiteurs ne sont rien qu'un tas de menteurs.

Ne leur en veuillez pas, ils sont émus et ils ne pensent pas tout ce qu'ils disent.

Contentez-vous d'afficher un sourire entendu et d'accueillir l'énoncé des plus monstrueuses ressemblances avec un calme olympien. S'ils dépassent les bornes, rapprochez-vous de la jeune mère et glissez-lui en douce, l'espace de quelques instants, cet admirable vade-mecum, cet indispensable compagnon du jeune père débutant, ce magnifique manuel de la paternité qui ne vous quitte plus depuis la date mille fois bénie de son acquisition[1].

Le bon truc : distrayez l'attention générale en bondissant joyeusement jusqu'au berceau et en faisant remarquer aux foules que le marmot a bougé. Laissez vos visiteurs s'entasser autour de la couche de l'angelot et retournez-vous vers votre épouse.

La larme à l'œil, un sourire de madone éclairant son visage de femme comblée, elle a retrouvé l'espoir. Grâce à vous. Et aussi grâce à nous.

Ne nous remerciez pas, les gars, c'est tout naturel.

---

1. Nous voulons, bien sûr, parler de l'ouvrage que vous tenez entre les mains.

Chapitre 17

LE FAIRE-PART : RENOUONS AVEC UNE CHIC VIEILLE TRADITION

Dans l'urgence de la naissance, vous avez envoyé des textos tous azimuts. Eh bien ce n'est pas suffisant. Surtout si vous voulez des cadeaux. Ne vous faites aucune illusion : l'oncle de province, la cousine d'outre-bled ne savent pas lire les SMS. Quant aux plus jeunes, ils se contenteront de répondre : « lol », « ptdr ». Pas de cadeau en vue.

Voilà pourquoi, nous le disons, le faire-part est une sacrée chic vieille tradition. Y renoncer serait dingue.

Comment faire ?

Vous n'êtes pas, ami lecteur, parvenu jusqu'à la page 143 de ce livre – ce dont nous vous remercions avec des trémolos d'émotion dans la voix – sans supputer que nous ne vous laisserions pas commettre seul un acte aussi important pour l'avenir de votre héritier(ère) et de ses cadeaux. Une fois de plus, vous avez raison.

Certains jeunes pères distraits, exténués, négligents ou manquant de la plus petite parcelle d'imagination se contentent de ça :

Ludivine et Florian Decamp
ont la joie de vous annoncer la naissance d'
Eulalie
le 11 juin 2011 à la maternité Michel-Leeb

C'est faible. Très moyen. Pour tout dire, il y a fort à parier que la petite Eulalie ne mènera qu'une existence médiocre et finira sous-chef de rayon chez Pantashop ou, à la rigueur, secrétaire régionale du collectif *Sauvons les castors de la Bièvre*.

Le faire-part constitue en quelque sorte l'entrée officielle de votre bambin chéri dans le monde, et il n'est jamais trop tôt, dans cette époque troublée, pour le faire habilement remarquer de ses futurs employeurs, même si ceux-ci portent encore des couches et mangent leurs petits pots en bavant.

Vous êtes cinéaste, journaliste, cuisinier, gendarme, médium ? Adaptez votre faire-part à votre raison sociale.

Vous souhaitez que votre rejeton devienne médecin, publicitaire, blogueur, acteur dans *Plus belle la vie* ? Mettez-le dès maintenant sur la voie.

Comment ? En choisissant dans les pages suivantes le faire-part approprié.

Un conseil pratique

Pour éviter de cochonner ce superbe guide en le taillant à coups de ciseaux pour en extraire le faire-part qui vous convient, courez chez votre libraire pour en acheter autant d'exemplaires qu'il vous en faudra. Ainsi, votre livre restera toujours impeccable !

• **Vous êtes médium ?** Vous disposez d'un énorme avantage sur l'ensemble de vos concitoyens, celui de pouvoir prédire l'avenir de votre rejeton.

Son excellence
Eulalie Decamp
(2011-2109)

Future ambassadrice de France au Guatemala
Directrice de Femina Mag
Docteur honoris causa *de l'université de Namur*
Vice-championne du monde du double salto croisé
Grand officier du Mérite agricole
Vient de naître à la maternité Geneviève de Fontenay
Comme nous l'avions prévu, vous viendrez la voir
au 6, avenue du Boulevard.

• **Vous êtes gendarme ?** Soyez précis. Songez que vos supérieurs chercheront à lire entre les lignes de ce rapport de naissance, et que votre galon de brigadier-chef n'est peut-être pas loin.

République française
PROCÈS-VERBAL DE NAISSANCE
Établi le : lundi 18 juin
À : la maternité Ayrton-Senna

C'est à neuf heures et dix-huit minutes que le susnommé DEPAIN JÉRÉMIE, individu de sexe masculin, a fait acte de naissance, en présence de nombreux témoins dont ses parents, Depain Paulette (née Tsgo) et Depain Azym.

L'intéressé et les témoins se tiennent subséquemment à la disposition de la justice à la maternité Ayrton-Senna, 6, avenue du Boulevard.

• **Vous êtes cuisinier ?** Un beau faire-part doit se lire comme un beau menu. N'hésitez pas.

Menu-menu

Jessica et Henri Deveau
Vous ont mitonné

le lardon du chef
dans sa feuille de chou
sauce petit mitron

Il s'appelle Benoît,
il est à croquer, on en mangerait.

Venez le déguster
à la maternité Valérie-Damidot,
6, avenue du Boulevard.

Cartes de crédit acceptées.

• **Vous êtes écrivain ?** Il n'appartient qu'à vous de faire de votre toute dernière œuvre un best-seller.

Vient de paraître

JEAN

de

Loraine et David Sonsac

Éditions du Nouveau-Né

Achevé d'imprimer le 23 juin 2011
À la maternité Elsa-Lafon

• **Vous êtes opticien ?** Ce faire-part peut être une excellente occasion de dépister parmi vos proches des bigleux qui s'ignorent (et qui tenteraient de couper au cadeau !).

REBECCA CAHUETTE

Vient de naître

À la clinique Tamer

Ses parents vous attendent

pour une visite de contrôle

Au 6, avenue du Boulevard

Apportez un cadeau

• **Vous êtes journaliste ?** Ne ratez pas ce scoop. La naissance de votre bambin vaut bien cinq colonnes à la une, non ?

Le Mône

Dernière heure

JEAN BOMBEUR VIENT DE NAÎTRE !

« Je suis très contente », nous déclare sa maman

Lorem ipsum dolor sit amet, consec
quis nostrud exercitation ullam corj
consequat, vel illum dolore eu fugi
exceptur sint occaecat cupiditat non
Nam liber tempor cum soluta nobi
Temporibud autem quinusd et aur
delectus ut aut prefer endis dolorib

Lorem ipsum dolor sit amet, consec
quis nostrud exercitation ullam corj
consequat, vel illum dolore eu fugi
exceptur sint occaecat cupiditat non
Nam liber tempor cum soluta nobi
Temporibud autem quinusd et aur
delectus ut aut prefer endis dolorib

Lorem ipsum dolor sit amet, consec
quis nostrud exercitation ullam corj
consequat, vel illum dolore eu fugi

J'ai toujours su que ce serait un garçon !

affirme l'heureux papa

exceptur sint occaecat cupiditat non
Nam liber tempor cum soluta nobi
Temporibud autem quinusd et aur
delectus ut aut prefer endis dolorib

Lorem ipsum dolor sit amet, consec
quis nostrud exercitation ullam corj
consequat, vel illum dolore eu fugi
exceptur sint occaecat cupiditat non
Nam liber tempor cum soluta nobi

Lorem ipsum dolor sit amet, consec
quis nostrud exercitation ullam corj
consequat, vel illum dolore eu fugi-
exceptur sint occaecat cupiditat non
Nam liber tempor cum soluta nobi
Temporibud autem quinusd et aur
delectus ut aut prefer endis dolorib

Temporibud autem quinusd et aur
delectus ut aut prefer endis dolorib

Les parents tiendront une conférence de presse à la maternité Salman-Rushdie, 6, avenue du Boulevard.

• **Vous travaillez dans le cinéma, le théâtre ou la danse du ventre ?** Dites-vous que votre enfant aura toutes les peines du monde à se faire un prénom, et qu'il ne faut pas hésiter à le mettre en vedette, dès maintenant, tout en vous effaçant avec modestie.

Les productions

Papa-maman

Présentent

GIUSEPPE NICHE

Dans

Le NOUVEAU-NÉ

De Ouktu et Jessica Niche

Avec

Jessica Niche.......................... La mère

Ouktu Niche............................ Le père

Giuseppe Niche...................... Le nouveau-né

Visible en avant-première
à la maternité des Trois-Coups, 6, avenue du Boulevard.

• **Vous êtes *hard-discounter*?** Votre enfant est un produit comme les autres. Sachez le vendre !

* * *

Inutile d'aller plus loin, vous avez compris le principe. À vous de jouer. Et n'hésitez surtout pas à nous envoyer vos faire-part. Les meilleures trouvailles seront récompensées par l'assurance de notre considération distinguée et une fraternelle bourrade dans les côtes flottantes.

Chapitre 18

LA DÉPRIME POSTNATALE DU JEUNE PÈRE

Vous êtes seul ce soir, cher lecteur ; seul chez vous, bien calé devant la télévision, la télécommande dans une main et la canette de bière dans l'autre. Vous êtes seul, mais c'est la dernière fois avant longtemps : votre épouse rentre à la maison demain, avec l'enfant. Et vous êtes content. Si, si, vous êtes content.

Pourtant, à y regarder d'un peu près, il y a peut-être un petit quelque chose qui cloche ; les programmes de TF1 vous semblent plus niaiseux encore que d'ordinaire ; votre Heineken n'a pas sa saveur habituelle ; vous n'êtes pas dans votre assiette. Une sorte de pressentiment confus vous hante, une voix intérieure et mystérieuse vous susurre que rien ne sera jamais plus comme avant. Et, curieusement, cette perspective ne vous exalte pas ; elle aurait même plutôt tendance à vous couper la chique.

Vous vous sentez las, abattu, anxieux, vous avez les larmes aux yeux. Êtes-vous malade ? Faut-il appeler SOS Médecins ? Surtout pas. Ce serait inutile, car ce qui vous arrive est parfaitement normal, monsieur ; c'est la « déprime du jeune papa », un syndrome très fréquent, bien connu, qui succède toujours d'assez peu à la naissance de l'enfant.

Quelles sont au juste les raisons de ce vague à l'âme qui vous turlupine (de cheval[1]) ? Les psychiatres parlent d'un contrecoup émotionnel, d'un choc en retour affectif. Les psychanalystes y voient plutôt l'expression somatique d'un complexe de dépossession du moi profond assorti d'un désir mal refoulé de castration du père, sur lequel viendraient se fixer d'anciennes névroses obsessionnelles. Mais bon, ce sont de grands malades. Les généticiens mettent en cause certaines enzymes du cerveau que l'organisme masculin produirait en excès à la suite de l'accouchement. Les diététiciens incriminent l'alimentation anarchique du jeune père livré à lui-même et aux fast-foods de son quartier tenus par des gougnafiers aux ongles noirs, sans oublier naturellement les abus de tabac et d'alcool. Les homéopathes – c'est à noter – ne se prononcent pas. Merci.

Quant à nous, fidèles à notre sens de la mesure, nous nous en tiendrons à quelques réflexions que dicte le seul bon sens.

Imaginez un instant qu'un boxeur classé depuis toujours dans la catégorie des poids coq passe brusquement dans celle des lourds, et qu'il ait aussitôt à combattre un adversaire nouveau, dont il ignore tout, hormis qu'il est extrêmement balèze et méchant ; dans un tel cas de figure, notre jeune boxeur traverserait fatalement une zone dépressionnaire assez âpre. Eh bien, c'est exactement ce que vous êtes en train de vivre, ami lecteur ;

1. Étant donné la gravité de ce chapitre, nous avons tenté de vous dérider. Avouez qu'un bref sourire a illuminé votre visage fermé. Nous recommencerons.

vous aussi, vous avez changé de catégorie. En l'espace de quelques minutes, vous êtes passé de celle des enfants, douillette et tranquille, à celle, féroce et surexposée, des parents. Vous étiez en réserve, vous êtes en équipe nationale. Vous étiez à l'arrière, vous êtes au front. Vous étiez spectateur, vous voilà acteur. Vous n'étiez pas grand-chose, vous n'êtes pas beaucoup plus, mais c'est tout de même un bouleversement colossal, une rupture avec le passé, le coup d'envoi d'une course aveugle et trépidante sur une route qui ne mène nulle part. *Highway to hell !*

Il faudrait être un robot d'acier, ou un véritable crétin des Alpes[1], pour traverser cette crise unique sans éprouver aucun doute, sans ressentir le moindre trouble existentiel.

Être devenu un « parent », c'est aussi avoir avancé d'une case sur le bref parcours de la vie. C'est s'être rapproché d'autant de la case ultime. Il est donc possible de dire, en pesant bien ses mots, dans une certaine mesure, que LA PATERNITÉ EST L'ANTICHAMBRE DU PÈRE-LACHAISE.

Hier encore, le bébé n'existait pas ; il est là aujourd'hui. Vous n'avez pris qu'une journée d'âge, évidemment, mais vous avez sauté d'une génération à l'autre, et dans le sens giratoire obligé, dans le sens des aiguilles d'une montre, dans la direction de la sortie. Inéluctablement.

Tout cela n'est pas franchement gai.

---

1. Que nos amis savoyards et moniteurs de ski veuillent bien nous excuser. La langue française est mal faite. Pourquoi ne parle-t-on jamais des crétins des Pyrénées, tout aussi redoutables ?

Un dernier phénomène contribue à vous abaisser le moral, à votre insu sans doute ; c'est ce qu'on pourrait appeler la « maternification apparente et progressive du monde » (MAPM).

Lorsque vous êtes arrivé sur cette terre, vous n'aviez qu'une seule et unique mère. C'était suffisant.

Plus tard, en vous mariant, vous avez écopé d'une autre mère, celle de votre conjointe. Ça commençait à faire beaucoup.

À présent, c'est cette conjointe elle-même qui est devenue mère ! C'est trop ! Où tout cela finira-t-il ? Inconsciemment, vous êtes en proie à la terreur, vous vous demandez si vos meilleurs amis ne vont pas à leur tour se transformer en mères, vous vous débattez dans un cauchemar peuplé de mères, vous ne pouvez plus faire un pas sans vous prendre les pieds dans une mère. C'est désagréable au possible.

Vous comprenez mieux maintenant, cher monsieur, les causes de votre coup de cafard. Ce sont des craintes à surmonter, des données nouvelles à intégrer, des ajustements psychologiques à opérer ; dès que le petit travail sera fait, c'est-à-dire dans un délai pouvant aller de quatre jours à quarante ans, vous retrouverez tout votre allant, votre bonne humeur communicative, et vous chanterez à nouveau sous la douche, comme un barnabite (de cheval[1]) !

Sans plus attendre, pour que vous remontiez très vite la pente, voici trois excellentes raisons de vous réjouir :

1. La naissance de votre enfant vous donne droit à un congé payé spécial de onze jours, à prendre dans les semaines qui précèdent ou qui suivent l'accouchement. Vous vous rendez compte ? Onze journées pleines ! Pour peu qu'il y ait déjà un pont programmé dans la période, c'est un véritable viaduc que vous allez vous payer, sacré veinard[2] !
2. Un bébé sous votre toit, c'est une demi-part de plus à porter sur votre déclaration de revenus ! Vous allez casquer moins d'impôts ! Mais oui ! Qu'allez-vous vous offrir avec les sommes ainsi soustraites à la voracité du fisc ? Des Carambar ? Des Malabar ? Des apéros ? Ah, comme nous vous envions !

1. Nous vous avions prévenu.
2. Si vous pensez comme nous que onze jours c'est bien, mais que onze semaines c'est mieux, reportez-vous à notre « Appel des Cent », dans les pages suivantes. Si vous trouvez ces onze jours suffisants, voire inutiles, allez vous faire foutre.

3. Dès l'âge de six ou sept ans, l'enfant est apte à effectuer certaines corvées domestiques ; c'est lui notamment qui sortira le clébard. Et tandis que le gamin affrontera la rue froide et hostile avec le baveux animal, vous resterez confortablement tassé au coin du téléviseur, à méditer sur vos affaires. Génial !

Signalons par ailleurs, à titre anecdotique, qu'on évoque parfois l'existence d'une prétendue « dépression » de la jeune accouchée nommée *baby blues*. Ce sont là des rumeurs sans fondement, colportées par les féministes et autres pétroleuses. Nous ne nous laisserons pas faire.

Notes pratiques

Pour plus de renseignements, le lecteur se reportera utilement aux ouvrages mentionnés ci-dessous :
Hémorragies, choc, anesthésie et réanimation in « Rapport M. Rivière. La mortalité maternelle au cours de l'état gravido-puerpéral », *Bull. méd. Féd. Soc. Gyn. Obst.* n° 1 *bis*.
L'Accouchement, pour quoi faire ?, par le Dr Schmerck, éd. Maltus.
Le polichinelle contre-attaque, de Jack Smile, éd. du Tiroir.
Le Père humilié, drame en quatre actes de Paul Claudel, 1918.

FILMOGRAPHIE

Bébés à gogo (France, 1956, 86 min, comédie)
Un film de Paul Mesnier avec Jacqueline Maillan, Louis de Funès et Jean Carmet.
Un couple met au monde un enfant par an. Le grand-père désapprouve, mais tout finit par s'arranger.
Rosemary's Baby (États-Unis, 1968, 136 min, comédie dramatique)
Un film de Roman Polanski avec Mia Farrow et John Cassavetes.
Une jeune femme enceinte pose problèmes à son entourage.
Maciste contre le cyclope (Italie, 1961, 95 min, drame)
Un film d'Antonio Leonviola avec Gordon Mitchell et Vira Silenti.
Maciste délivre une reine dont l'enfant lui a été confié. Bien des soucis en perspective.

L'APPEL DES CENT

Association pour l'élargissement du congé paternité
(A.E.C.P.)

LETTRE OUVERTE
À CES MESSIEURS-DAMES DU GOUVERNEMENT

Messieurs-dames les ministres,

Après avoir vainement attendu un geste au cours du précédent quinquennat, force nous est de constater que le problème des jeunes pères a une fois de plus été scandaleusement mis de côté par chacun des candidats.

Permettez-nous de rappeler brièvement les faits en vous citant deux chiffres qui, nous le croyons, parlent d'eux-mêmes. Que prévoit actuellement la législation sociale en cas de naissance ?

• *Seize semaines de congé maternité*

• *Onze jours de congé paternité*

Est-ce là la fameuse parité dont on nous rebat les oreilles ? Ce scandale doit cesser !

L'A.E.C.P. revendique dès maintenant les onze semaines de congé paternité que l'immense population des jeunes pères réclame depuis si longtemps. Nous n'en resterons pas là. Bientôt le C.S.O.[1] *pour les pères de trois enfants ! Bientôt la retraite des pères, la Sécurité sociale des pères, la fête des Pères chômée, les places assises dans le métro, les billets de train à tarif réduit et la médaille du jeune père !*

L'A.E.C.P. SE BAT POUR LES JEUNES PÈRES !

L'A.E.C.P. DIT TOUT HAUT CE QUE LES JEUNES PÈRES PENSENT TOUT BAS !

Les signataires de l'Appel :
Pierre Antilogus – Jean-Louis Festjens

1. Complément salarial obligatoire.

SOUTENEZ NOTRE ACTION !

Découpez soigneusement cette page, après l'avoir remplie et signée. Les cent premiers signataires gagneront le privilège d'arborer fièrement un badge de l'A.E.C.P. fabriqué par leurs soins. Merci beaucoup.

OUI !

Moi .... demeurant à ....

âgé de ...... ans et père de .... enfants, je soutiens l'action de l'A.E.C.P.

Vive l'A.E.C.P. !

Vive la France !

Troisième partie

DE UN JOUR À SIX MOIS

Il n'y a pas de meilleur investissement
que de placer du lait dans un nourrisson.
Winston Churchill

Vous voilà père.
Réellement père, c'est-à-dire pourvu d'un marmot qui, en ce moment même, braille dans la pièce d'à côté. Merci d'ailleurs de lui dire de la fermer cinq minutes. C'est infernal.
C'est bien sûr un instant important de votre vie, mais la main tremblante avec laquelle vous tenez ce livre et votre œil cerné tentant de déchiffrer ces lignes nous laissent supposer que le tableau de votre ineffable bonheur est gâché par une ombre grandissante : cette naissance vous a épuisé.
Votre femme aussi, apparemment. Pourtant, elle est restée couchée durant toute cette épreuve, y compris à l'instant même de l'accouchement ! Ah, paresse féminine…
Nul ne semble s'en préoccuper autour de vous, mais vous en avez vu de dures, ces derniers jours. Pourtant, il vous faut tenir bon, et passer ce cap terrible des « six semaines tragiques » dont parlent les Anciens et qui peuvent faire de vous une loque humaine si vous n'y prenez garde.
Comment résister ?
En conservant le sommeil.
Pour cela, une seule tactique : ayez toujours auprès de vous une réserve de boules Quies et laissez parler l'instinct maternel. Toutes petites déjà, la plupart des femmes passent leur temps à jouer à la poupée, à talquer, à langer, à donner le biberon. Voici enfin l'occasion de leur laisser réaliser leur rêve. Elles n'attendent que ça. Ce n'est qu'une question de volonté. Tout le

monde peut y arriver avec un peu de cran. Tenez bon, ne cédez jamais le moindre pouce de terrain et faites vos nuits, quoi qu'il arrive. Plus que jamais, votre petite maisonnée a besoin d'un chef de famille frais et dispos, heureux de vivre et dynamique.

Ne vous laissez pas déborder par les tracas quotidiens, engluer dans le dédale des couches-culottes et des lingettes nettoyantes, enfermer dans le cercle vicieux biberon/stérilisateur. À travers ces six semaines de tempête, vous devez rester lucide comme le capitaine à la dunette de son vaisseau. Grâce à vous, l'embarcation gardera le cap dans la tourmente.

Votre épouse finira bien par vous remercier même si, dans les premiers temps, elle semble manifester une certaine incompréhension devant votre attitude. Sachez vous effacer. Votre femme est devenue une mère, il n'est jamais trop tôt pour l'encourager à prendre ses responsabilités.

Et lorsque, au terme d'une journée harassante, elle aura enfin remisé le petit monstre dans son berceau, apaisé et le ventre plein, soyez certain qu'elle retrouvera avec plus de plaisir un mari détendu, bronzé, pétillant d'esprit et débordant de tonus, qu'une épave exténuée.

Ne croyez pas pour autant qu'il serait judicieux de profiter de cette période pour prendre quelques semaines de vacances au soleil ou améliorer votre drive sur un terrain de golf tropical. Non seulement votre présence au foyer est vivement recommandée, mais vous avez, en tant que père, certains devoirs sacrés à accomplir.

Chapitre 19

LES SIX SEMAINES TRAGIQUES

Il vous est certainement arrivé d'entendre certains inconscients clamer à tout vent qu'un bébé n'était durant les six premiers mois rien d'autre qu'un légume. Que Dieu les pardonne. Aucun légume ne hurle. Même quand on le râpe.

Manger, dormir, hurler. Ces trois activités fondamentales occupent le plus clair de l'emploi du temps de bébé et mobilisent curieusement la majeure partie du vôtre. Car les bébés sont infoutus de se débrouiller seuls.

Les bébés ont une mentalité d'assistés !

On jurerait des fonctionnaires mutualistes.

Passé ce cap des six semaines tragiques, la plupart des bébés comprennent qu'ils dorment mieux s'ils ne se réveillent pas au cœur de la nuit pour hurler, et adoptent des horaires plus raisonnables, à la grande satisfaction de leurs mères éreintées.

Quel sera votre rôle durant cette période difficile ?

Dormir, nous l'avons vu. Huit bonnes heures de sommeil, un jus de fruits au réveil et vous voilà en forme pour la journée. Pourtant, votre rôle ne s'arrête pas là. S'il appartient à votre femme d'assurer l'exécution des basses tâches, c'est à vous que revient la difficile mission de prendre les décisions qui s'imposent, d'indiquer dès maintenant le cap à tenir. C'est fatigant, certes, mais votre épouse vous saura gré de la décharger ainsi d'une grande part de ses soucis. Et nous savons que vous ne reculerez devant aucun sacrifice pour votre tendre et chère.

LA PIQUE DU DR HERMANN PAULL

Opposée à toute pédantesque tournure d'esprit, la ménagère trouve dans le concret sa propre façon de s'exprimer.

LE SATISFECIT DES AUTEURS

Ben voilà ! C'est exactement ça !

Bébé crie. Pourquoi ?

Dire qu'il crie est en dessous de la vérité. Il hurle, il braille, il mugit et c'est un sujet d'émerveillement sans cesse renouvelé que de constater à quel point un si petit être peut faire autant de bruit. Un émerveillement teinté d'agacement, car le nourrisson de base semble passer la majeure partie de ses heures de veille à vous casser les oreilles, ainsi que celles de vos voisins. Qui, pour une fois, n'y sont pour rien, les fumiers.

Pourquoi crie-t-il ?

Uniquement pour vous emmerder ? Pas toujours !

- Parce qu'il a faim.
- Parce qu'il a soif.
- Parce qu'il a chaud.
- Parce qu'il a froid.
- Parce qu'il est mouillé.
- Parce qu'il fait ses dents (signe de précocité, à cet âge).
- Parce qu'il a peur du noir.
- Parce qu'il a le soleil dans l'œil.
- Parce qu'un rat s'est glissé dans son lit.
- Parce qu'il a reçu son hochet sur la tête.
- Parce qu'il a sommeil.
- Parce qu'il n'a plus sommeil.
- Parce que le biberon est trop chaud.
- Parce qu'il est incapable d'aligner trois mots en bon français et qu'il n'a pas d'autre moyen de s'exprimer.
- Parce que votre tante Aglaé s'est penchée sur son berceau (vous vous y êtes habitué, à la longue, mais rappelez-vous l'effet qu'elle vous faisait quand vous étiez petit !).

Comment le faire taire ?

L'éventail des méthodes envisageables est assez vaste :

• Satisfaire le stimulus déclenchant le cri : lui donner un biberon, le changer, le mettre à l'ombre, pousser la tante Aglaé hors de sa vue.

• Utiliser le contre-conditionnement : « Oh, le zouli oiseau ! », « Qu'il est beau, le bébé, qu'il est beau ! », etc.

• Utiliser la méthode coercitive : bâillon, chatterton, coup de boule.

• Atténuer le niveau sonore des hurlements : faire capitonner sa chambre, s'installer à l'autre bout de l'appartement, placer un oreiller sur sa tête, émigrer au Kazakhstan.

Comment le faire crier ?

Cette question peut surprendre, mais il serait absolument anormal, voire inquiétant, que bébé cesse de crier, ne serait-ce que quelques instants. C'est son silence qui devrait vous alarmer. Un silence trop prolongé en état de veille est signe de danger. Au-delà de quarante-cinq secondes de calme, n'hésitez pas à intervenir :

– pincez-le ;
– tirez un coup de revolver dans sa chambre (pas sur lui, c'est illégal. Au besoin, visez le clébard) ;
– montrez-lui une photo de tante Aglaé.

Les hurlements reprennent, tout est normal. Vous voilà rassuré.

Comment nourrir le nain

Il n'y a pas trente-six solutions. En fait, il n'y en a que deux : sein ou biberon, à l'exclusion de tout autre mode d'alimentation du type chili con carne, choucroute ou cassoulet. Pas même du pâté. Les bébés n'aiment pas le pâté.

Un palais très peu développé les rend réfractaires à toutes les bonnes choses de la table. Par exemple, neuf bébés sur dix sont incapables de faire la différence entre une piquette et un mouton-cadet 1982. Un palais très médiocre, nous vous le disions.

Inutile donc de faire des frais, même si vous voulez leur faire plaisir. Croyez-en notre expérience, un bon petit coup de lait et vous aurez la paix. Mais quel lait, nous direz-vous ? Bonne question. Écartez d'emblée :

– le lait démaquillant,
– le lait de poule,
– le lait de coco,
– les frères ou sœurs de lait.

Écartez également le lait de chèvre, de brebis, de chatte, de chienne, de baleine ou de tout autre animal, à l'exclusion de la vache et de la femme. On a en effet remarqué que le lait de ces deux mammifères possédait une teneur en graisses et en glucides comparable[1].

Lequel choisir, alors ? Autre bonne question.

Notons qu'il est déconseillé, même si vous habitez une ferme, de faire téter le bébé directement au pis de la vache, alors qu'il n'est pas interdit de le suspendre à celui de la femme[2]. Dès lors, le choix se pose dans les termes suivants : sein ou biberon.

L'un et l'autre ont leurs avantages et leurs inconvé-

1. La comparaison entre ces deux sympathiques créatures ne s'arrête d'ailleurs pas là. Ne dit-on pas d'une belle femme qu'elle a une croupe de charolaise ?

2. Le pis de la femme est plus couramment appelé « sein ». Ou « roploplo », dans les classes populaires.

nients. Ne croyez pas que cette question ne vous regarde pas : votre femme elle-même a dû se la poser et il n'est pas impossible qu'elle requière votre avis sur le sujet. Si elle ne le requiert pas, n'hésitez pas à le lui donner quand même.

Ce n'est pas parce qu'on n'a pas de nichons qu'on doit fermer sa gueule.

L'allaitement

Nourrir un bébé au sein présente de multiples avantages :

- Le lait maternel protège l'enfant en lui apportant certains anticorps et l'immunise durant les « six semaines tragiques ».
- Le lait maternel est facile à digérer et toujours à la bonne température (inutile de faire chauffer le sein avant la tétée).
- Le lait maternel ne vous coûte pas un radis.
- Il n'est pas utile de faire stériliser le sein dans de l'eau bouillante. C'est même déconseillé.
- Une femme qui allaite a de gros nichons.
- Inutile de descendre chez l'épicier du coin si vous manquez de lait pour votre café matinal. Une petite pression sur le sein de votre épouse (pouêt-pouêt), et hop !
- Et, surtout, surtout, vous n'aurez jamais à vous lever pour donner un foutu biberon, ni la nuit ni à l'aube ! Madame prendra tout sur elle, avec son petit attirail, bien gentiment, et personne ne pourra vous reprocher de la laisser se dépatouiller seule. C'est la nature qui commande.

LA MISE AU POINT DU DR HERMANN PAULL

Les légendes les plus effarantes courent sur la première tétée de l'enfant. On prétend que le premier lait est mortel. Il va de soi que le tout n'est que fable. La nature n'élabore pas de lait vénéneux !

LA RÉACTION DES AUTEURS

Et les champignons vénéneux, elle les élabore pas, peut-être, la nature ?! Hein, Hermann ?

À l'usage, certains jeunes pères décèleront tout de même quelques inconvénients :

- Tôt ou tard, il faudra sevrer bébé, et ça fera des histoires.
- Impossible d'étreindre madame sans recevoir une giclée de lait dans la figure.
- Durant les « six semaines tragiques », vous êtes coincé chez vous puisque votre femme doit allaiter toutes les trois, quatre heures. Et il serait malvenu de sortir seul au Macumba.

La technique de l'allaitement est extrêmement simple, et c'est à prendre en compte. Dès que bébé commence à brailler :

a) Allez le chercher.

b) Donnez-le à votre femme[1].

Sans vouloir vous influencer, l'allaitement maternel nous semble présenter de multiples avantages. Néanmoins, et pour vous permettre de faire votre choix, nous avons voulu étudier également, avec la même rigueur

1. Vous pouvez aussi laisser votre femme aller le chercher elle-même.

impartiale, les atouts et les inconvénients de l'alimentation au biberon.

> **Jusqu'à quel âge faut-il donner le sein ?**
>
> Soyez très strict. Il arrive que certaines jeunes mères se laissent aller à donner le sein jusqu'à des six, huit mois, voire jusqu'après l'apparition des premières dents. La morale judéo-chrétienne, dont nous sommes d'ardents défenseurs, préconise depuis les temps les plus anciens l'interruption totale des tétées entre l'âge de trois mois (sevrage) et celui de soixante-quinze ans (sénilité). Cette recommandation nous paraît sage.

Le biberon

Disons-le tout de suite, ses mérites sont restreints.

- Le biberon permet de mieux contrôler les quantités de lait ingurgitées par bébé.
- Le sevrage, dès l'âge de trois mois, se passe en douceur.

Quant aux inconvénients, nous en avons relevé quelques-uns :

- La préparation d'un biberon est ennuyeuse. On en met partout. On a les doigts qui poissent. Pouah.
- Le lait pour nourrisson coûte une fortune.
- Le matériel nécessaire à la préparation du biberon remplit un placard à lui tout seul.
- Il sera beaucoup plus difficile de convaincre votre femme qu'elle seule peut donner le biberon de trois heures du matin.
- Et même si vous y parvenez, il est fort probable que les hurlements du nain vous réveilleront, le temps que le biberon se prépare.

– Vous mettrez parfois des mois avant de trouver le lait qui convient à bébé.
– Ou alors ce sera la tétine qui n'ira pas.
– Même si vous coupez à la corvée du biberonnage, échapperez-vous à celle de la stérilisation ?

Quant à la technique de l'alimentation au bib', elle remplirait un livre à elle toute seule :

a) Pendant que bébé dort, faire stériliser les biberons dans de l'eau bouillante ou à froid, avec les pastilles appropriées (ne pas négliger la prise de la pastille).

b) Laver les tétines à grande eau.

c) Verser dans le biberon – et non à côté – la quantité exacte de lait requise, quantité qui change pratiquement tous les jours.

d) Attendre que le marmot braille.

e) Remplir le biberon d'eau minérale (non gazeuse, quoique, comme nous le verrons, un biberon au Perrier facilite le rot).

f) Faire tiédir au bain-marie.

g) Contrôler la température du lait en vous versant quelques gouttes sur le dos de la main.

h) Foncer à la pharmacie pour badigeonner la brûlure de Biafine.

i) Patienter jusqu'à ce que le lait tiédisse (pensez aux boules Quies) ou refaire un mélange à base d'eau minérale froide.

j) Pas trop froide, sinon il faudra tout recommencer.

k) Revisser la tétine (important, sinon vous risqueriez d'ébouillanter le bambin avec le contenu du biberon).

l) Enfiler un ciré.

m) Bondir jusqu'au berceau et en extirper le hurleur, puis le déposer contre son bras (ou celui de votre femme. Mais au point où vous en êtes…).

n) Lui présenter la tétine dans le bon sens, et à la bonne vitesse.

o) Attendre qu'il ait fini.

p) Lui faire faire son rot.

q) Remiser le bambin repu dans son berceau.

r) Passer un coup d'éponge sur votre ciré.

s) Aller prendre un petit café au bistrot. Vous l'avez bien mérité.

Bien sûr, on peut voir des avantages à cette méthode.
Bien sûr.
Si vous en trouvez, n'hésitez pas à nous écrire.

LE COMMANDEMENT DU DR HERMANN PAULL

Toute mère, si le mauvais état de sa santé ne le lui interdit pas absolument, a le devoir sacré d'allaiter elle-même son enfant.

L'APPROBATION DES AUTEURS

Jawohl, Hermann !

Comment faire roter bébé

N'importe quel pédiatre à la gomme se fera un plaisir de vous tenir la jambe des heures durant en discourant sur l'importance du rot après les repas. Résumons, si vous le voulez bien, en soulignant les deux aspects essentiels du rot chez le nouveau-né :

– si bébé se tournait sur le dos durant son sommeil et s'il régurgitait, le lait pourrait l'asphyxier,
– ne sachant pas encore parler, bébé rote pour exprimer son contentement à la fin du repas, à la mode orientale.

Politesse et sécurité, deux raisons majeures de faire roter votre enfant. Mais comment procéder ?

Méthode normale

Posez bébé sur votre épaule, comme un sac de charbon, et tapotez-lui doucement le dos. N'oubliez pas d'endosser préalablement votre ciré. Le renvoi peut en effet être accompagné d'une effroyable régurgitation qui ruinerait définitivement votre cachemire préféré (le bleu avec la tête de Batman), ce qui pourrait nuire au développement harmonieux de votre amour paternel.

Attention ! Comme vous l'avez remarqué dans notre paragraphe consacré aux hurlements, la puissance vocale de bébé est inversement proportionnelle à sa taille grotesque. Sachez que la vigueur de son rot peut vous surprendre.

Plan d'urgence

Certains bébés mal embouchés refusent obstinément de roter, et semblent se rire des solides claques dans le dos que vous leur assenez. C'est très agaçant et vous aimeriez bien aller vous coucher. Une seule solution : remplacer l'eau minérale de son biberon par :

- du Perrier
- de la bière
- du Coca-Cola (Light)
- du radis noir.

C'est infaillible.

Bébé dort. Pourquoi ?

Parce qu'il est fatigué. Encore plus que vous. Pourtant, il ne fait pas grand-chose, reconnaissons-le, mais ne perdons pas de vue qu'il vient d'un endroit où il en faisait encore moins. À l'instar d'un agent de la SNCF, tout le fatigue : manger, ouvrir les yeux, bouger bras et jambes, dormir même. Inconscients de la panique qu'ils provoquent à chacun de leurs réveils, les nourrissons coincent la bulle jusqu'à des vingt heures par jour, mais avec une diabolique ingéniosité pour se réveiller aux moments les plus incongrus :

– à l'instant où vous passez à table,

– à la seconde même du coup d'envoi de la première mi-temps,
– au moment précis où vous vous endormez,
– au beau milieu de la nuit.

Et pourtant, bébé ne pense pas à mal. Bébé ignore le Mal même lorsqu'il hurle toute la nuit sans discontinuer. Inutile donc de lui en vouloir. Un beau matin, vous vous éveillerez en sursaut le cœur battant, réalisant avec effroi que vous avez dormi une nuit entière d'affilée. Éperdu, vous vous ruerez jusqu'au berceau, où le cher ange en écrase paisiblement. Pour la première fois, il a fait une nuit complète.

Les « six semaines tragiques » sont terminées…

Chapitre 20
BÉBÉ BOBO

Que nos lecteurs d'un naturel anxieux veuillent bien d'abord se convaincre d'une vérité d'évidence : EN RÈGLE GÉNÉRALE, BÉBÉ EST PLUTÔT BIEN PORTANT. Et c'est très rassurant.

Son extrême jeune âge le met à l'abri du *delirium tremens*, des fractures du col du fémur, des accidents cardio-vasculaires et autres désagréments du même tonneau ; inutile donc de se jeter sur lui à tout propos et de le secouer pour voir s'il est encore en vie. Inutile aussi de se remplir le crâne de tout un fatras de connaissances médicales qui ne feraient qu'ajouter des inquiétudes injustifiées à l'angoisse ambiante qui plombe déjà le foyer familial.

Sachons toutefois – c'est un minimum – que l'enfant n'échappera pas à son lot de petites maladies spécifiques ; on veillera en conséquence, dans son intérêt même, à ne pas confondre les symptômes du *mortalis terribilis* (vésicules sur tout le corps avec excrétat trouble purulent, formation d'hématomes avec écaillement de la peau, cas mortel de temps à autre) et ceux du *strophulus macabrus* (élevures à fort prurit, d'aspect lépreux, souvent grattées au sang), ceux de la *scrofulose fulgurante* (catarrhe nasal chronique, épaississement de la lèvre supérieure, enflure des ganglions lymphatiques) et ceux de l'*omphalite purulente* (masses eczémateuses fréquentes, jaune verdâtre, d'odeur désagréable, danger de septicémie, fièvre), ceux enfin de la *dyspepsie infantile* (selles liquides gris-vert, agitation, vomissements, mauvaise mine, parfois visage de vieillard) avec ceux de la *peste de Humboldt* (teint circux, contracture de la mâchoire, convulsion des membres, yeux révulsés, bubons sous les aisselles).

Cela posé, et bien qu'en règle générale il soit plutôt bien portant, redisons-le, force est d'admettre que bébé est très souvent sujet à de légers troubles extrêmement pénibles pour son entourage.

Au premier rang de ceux-ci, on placera naturellement le triangle infernal bien connu : diarrhées-constipation-vomissements. C'est un état quasi constant, un jeu de balance qui use les nerfs, un mystère de la science. Car enfin, comment peut-on être à la fois diarrhéique et constipé ? Eh bien, bébé le peut. Sacré type. Le jeune père qui déciderait de s'attaquer au problème, qui ambitionnerait naïvement de lui trouver une solution, ce jeune père ne ferait que courir comme un dératé d'un sommet du triangle à l'autre, sans espoir de salut, en passant et en repassant sans arrêt par la pharmacie.

Car le pharmacien est un personnage-clé de la période. Vous lui rendrez visite tous les jours, et peut-être plusieurs fois par jour. Peu à peu, vous apprendrez à apprécier son air bonasse, ses plaisanteries de potard et ses conseils parfaitement inopérants.

L'enfant sera gavé de carottes, puis traité aux pruneaux. Viendront les bananes écrasées, les jus d'orange, les suppositoires à la glycérine, les médicaments, les lavements…

Comme tous vos prédécesseurs, vous tirerez fatalement de l'expérience les trois principes de Vérité, les trois axiomes sacrés qu'on devrait graver en lettres de feu au fronton des maternités :

1. QUAND IL N'EST PAS CONSTIPÉ, BÉBÉ A LA DIARRHÉE.

2. QUAND IL N'A PAS LA DIARRHÉE, ALORS IL EST CONSTIPÉ.

3. DANS UN CAS COMME DANS L'AUTRE, IL VOMIT.

Sacré type.

Il y a des circonstances de la vie où il faut savoir se faire une raison, ami lecteur. La selle bien moulée, la régurgitation mesurée, ce n'est pas pour vous. Ce n'est pas pour nous. Ou alors, plus tard, là-haut, dans un monde meilleur.

L'OBSERVATION DU DR HERMANN PAULL

Un enfant en bonne santé urine dix fois et évacue les selles trois fois dans l'espace de vingt-quatre heures.

LA RÉACTION DES AUTEURS

C'est épouvantable.

Autre motif de stress que le nourrisson offre à sa proche famille : les FESSES ROUGES.

Il peut se produire que votre conjointe, par suite d'une faute d'inattention due à son état d'extrême épuisement physique, ne s'aperçoive pas immédiatement que le petit a fait dans sa couche, ou que nulle odeur suspecte ne vienne alerter sa narine de femelle au bout du rouleau. Résultat des courses : l'adorable fessier va mariner un temps donné dans l'implacable matière fécale, dans l'urine cruelle ; les acides vont attaquer sa peau si fragile, il va y avoir rougeur, irritation, macération, plaie suintante, ulcération et tout le tremblement…

Là encore, l'affaire est censée se régler à la pharmacie. Le pharmacien va vous distribuer des onguents, des produits, des préparations faites par lui-même, à l'eau ou à 3 % d'alcool, des flacons très colorés, d'un écarlate sanglant, d'un violet insoutenable, et vous vous en collerez plein les doigts, plein la chemise. C'est inévitable. Et c'est indélébile.

Il vous vendra tout cela, le pharmacien, puis il vous souhaitera bonne chance. Car, évidemment, il y a fesses rouges et fesses rouges ; dans certains cas, il faudra user de pommades épaisses, qui protègent l'épiderme, mais parfois il s'agira plutôt de sécher les surfaces abîmées, et c'est le liquide vermillon qui s'imposera. MYTOSIL ou ÉOSINE ? Comment savoir ? Que choisir ? Quand badigeonner, quand tamponner ? Que faire ?

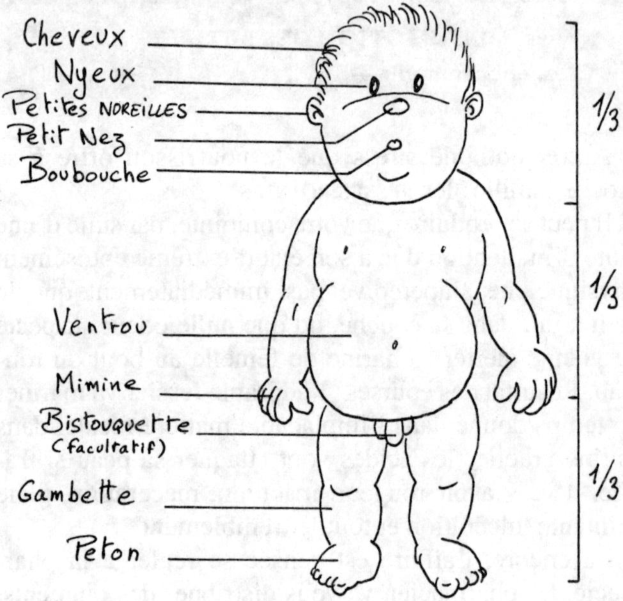

Fig. 1 – L'anatomie du bébé

Notons toutefois qu'il vaut mieux avoir les fesses rouges que vertes, de quelque point de vue qu'on se place.

• Si votre enfant a les fesses vertes, c'est qu'il est très malade.

• S'il a les fesses vertes et qu'il n'est pas malade, alors c'est qu'il a les fesses rouges et que vous êtes daltonien.

• S'il a les fesses vertes, qu'il n'est pas malade et que vous n'êtes pas daltonien, alors il est grand temps de lâcher le goulot, vieux camarade !

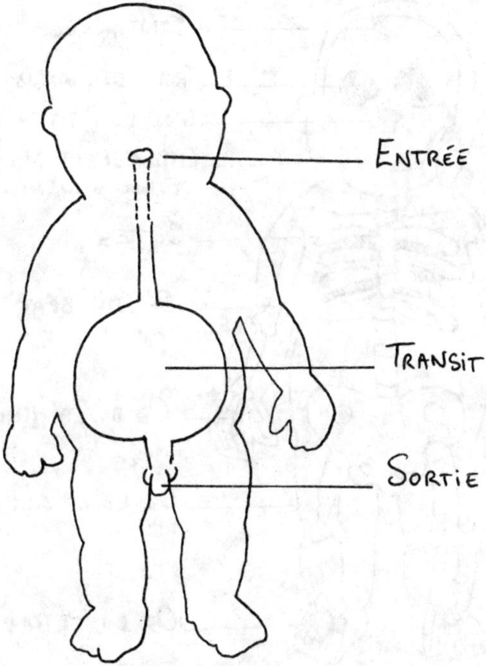

Fig. 2 – L'appareil digestif

La troisième grande raison qui rend bébé lassant, même aux yeux de ses plus fidèles supporters, c'est la propension qu'il a à être TOUJOURS ENRHUMÉ.

En exagérant à peine, on pourrait l'appeler M. Goutte-au-nez, sauf si c'est une fille, bien sûr. Auquel cas on pourrait l'appeler Mlle Goutte-au-nez. Le nez est minuscule, c'est vrai, mais il est pris en permanence. Au point qu'on peut se demander comment un nez aussi minuscule peut contenir autant de morve.

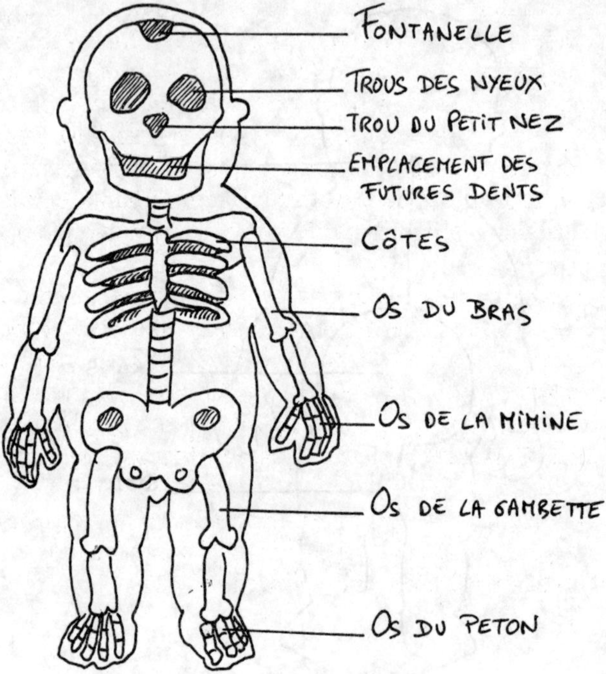

FIG. 3 – LE SQUELETTE

Nos pères savaient parfaitement ce qu'ils disaient quand ils qualifiaient ceux de la jeune classe de « morveux ». Oh, oui !

Et le pire, voyez-vous, c'est qu'au gamin, tout ça, ça lui retombe sur les bronches !

Comme vous êtes un fin observateur, monsieur, vous ne manquerez pas de remarquer qu'en matière de rhume, angine, bronchite, laryngite stridulante et autres saloperies votre enfant est essentiellement victime de son entourage. Ce n'est pas lui, c'est les autres. Ceux de la crèche, par exemple, ou ceux de chez la nourrice. Toujours malades, ceux-là ! Toujours mal foutus ! Incroyable ! Ils sont hideux à voir avec leurs narines suintantes, leurs yeux qui coulent, leur air de suffoquer ; ce sont des monstres ! LES ENFANTS DES AUTRES SONT DES MONSTRES !

Et que dire de ces parents dénaturés qui n'hésitent pas à répandre leur progéniture dégoulinante et contagieuse dans la nature au lieu de la garder au chaud à la maison ?

Dans de telles conditions, ami lecteur, rien d'étonnant à ce que votre bébé, pourtant si sain, pourtant si robuste – tout à fait votre portrait –, rien d'étonnant donc à ce que votre bébé prenne sa part de virus, sa rasade de microbes, sa pleine goulée quotidienne de germes pathogènes. Comment voudriez-vous que le fragile rhino-pharynx du petit être y résistât ? Oui, comment ?

Et c'est cette injustice foncière, cette culpabilité, cette irresponsabilité des autres qui rendra vos nuits blanches particulièrement amères.

Les salauds !

***

Nous n'avons jusqu'ici évoqué que la santé physique de bébé, mais il nous faut bien dire un mot de sa santé morale. C'est obligé. Car en dépit des apparences, le nourrisson n'est pas seulement une abominable mécanique digestive ; c'est aussi un être humain doué d'affectivité. Mais si !

Il ne suffit pas de le loger, de le blanchir, de le nourrir – ce dont plus d'un se contenterait –, il faut en outre l'aimer, lui sourire, faire des trucs avec les mains, lui bégayer des idioties à l'oreille, gazouiller avec lui après son biberon.

C'est infernal.

D'un point de vue plus prosaïque, on doit comprendre que l'environnement du bambin a une influence déterminante sur son état nerveux, ainsi que sur le vôtre. Le tout jeune enfant a besoin qu'il y ait de la vie autour de lui, du mouvement, des couleurs ; un ballet tsigane à demeure ferait parfaitement l'affaire.

Les turbulences et la vaine agitation sont en revanche à déconseiller, tout comme les lumières et les bruits violents. En conséquence, on tiendra soigneusement bébé à l'écart :

– des scènes de ménage un peu vives,
– des crises d'hystérie conjugales,
– des querelles beuglées entre époux,
– des rixes de poivrots,
– des lynchages, pendaisons ou mises à sac,
– des tirs à l'arme lourde,
– des bombardements de nuit,
– des 14-Juillet à la Bastille.

L'ODIEUSE SUGGESTION DU DR HERMANN PAULL

Pauvre, nu et sans défense, l'enfant entre dans la vie dépendant en tout et pour tout des soins de ses parents. Laissé à lui-même, il mourrait rapidement.

Une recommandation encore : avant chaque week-end, relevez soigneusement l'adresse de la pharmacie de garde dans votre quartier. Et dites-vous bien que vous aurez peut-être à utiliser votre voiture pour y foncer en catastrophe.

Avez-vous pensé au pneu de secours[1] ?

1. Voir page 89.

Chapitre 21

JEU DU NOURRISSON ENDORMI

Nous avons cru déceler certaines ressemblances entre les six premiers mois de votre vie de jeune père et le parcours d'un jeu de l'oie dont le but serait de parvenir le plus vite possible à la case finale, celle du nourrisson enfin au repos. Les règles de ce jeu ne sont pas aussi simples qu'on pourrait le croire…

Munissez-vous d'un dé.

Le joueur qui obtient le score le plus élevé commence.

Si un joueur a obtenu un total de sept, méfiez-vous. Il doit tricher.

Si un joueur dépasse la case 25, il doit continuer à décompter ses points en revenant en arrière.

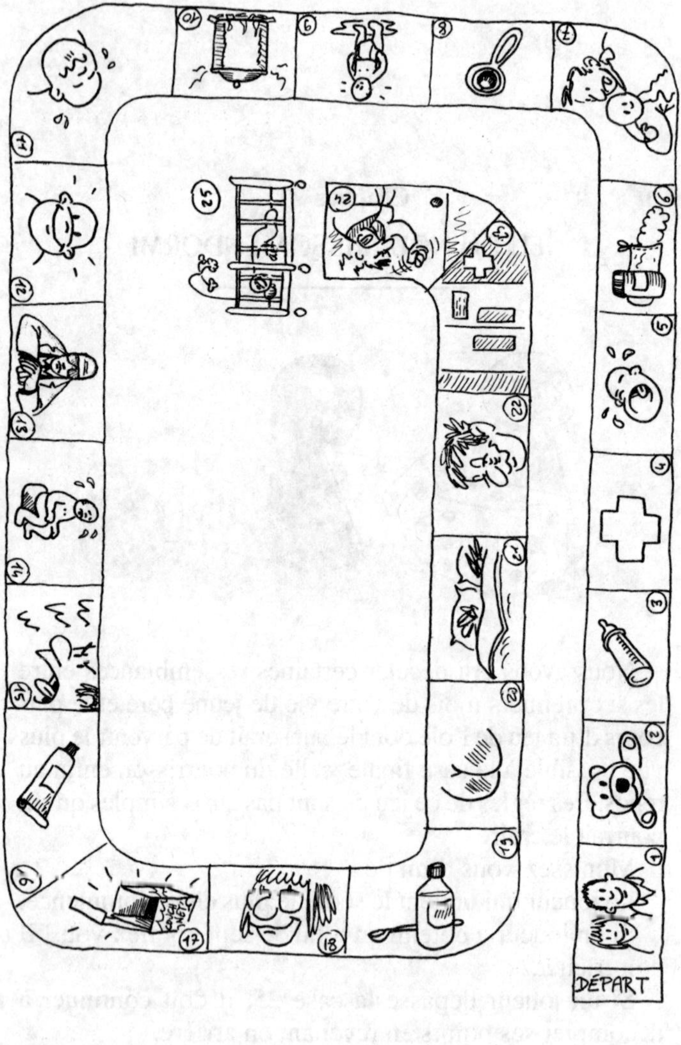
DÉPART

Cases spéciales

• Le joueur qui tombe sur la case 2 (nounours) rejoue une fois.

• Le joueur qui tombe sur la case 3 (biberon) avance jusqu'à la case 10 (stérilisateur).

• Le joueur qui tombe sur la case 5 (pleurs) passe un tour.

• Le joueur qui tombe sur la case 7 (vomissements) retourne à la case 4 (pharmacie).

• Le joueur qui tombe sur la case 9 (diarrhées) retourne à la case 6 (coton et Mustela).

• Le joueur qui tombe sur la case 10 (stérilisateur) retourne à la case 5 (pleurs) et passe donc un tour.

• Le joueur qui tombe sur la case 11 (pleurnichements) retourne à la case 2 (nounours) ou à la case 8 (hochet) pour tenter de les faire cesser.

• Le joueur qui tombe sur la case 12 (sourire) rejoue une fois.

• Le joueur qui tombe sur la case 13 (pédiatre) retourne à la case 5 (pleurs) et passe donc un tour.

• Le joueur qui tombe sur la case 14 (constipation) passe un tour.

• Le joueur qui tombe sur la case 15 (crise de nerfs) revient au départ.

• Le joueur qui tombe sur la case 17 (manque de couches) revient à la case 4 (pharmacie).

• Le joueur qui tombe sur la case 18 (baby-sitter) peut se reposer. Il passe un tour mais jouera deux fois au tour suivant.

• Le joueur qui tombe sur la case 19 (Nopron) gagne

une nuit de sommeil et avance jusqu'à la case 21 (nuit de sommeil).

• Le joueur qui tombe sur la case 20 (fesses rouges) revient à la case 16 (Mytosil).

• Le joueur qui tombe sur la case 21 (nuit de sommeil) rejoue une fois.

• Le joueur qui tombe sur la case 22 (coup de barre) attend que l'un des autres joueurs vienne l'en sortir en prenant sa place.

• Le joueur qui tombe sur la case 23 (pharmacie fermée) revient à la pharmacie de garde, case 4.

• Le joueur qui tombe sur la case 24 (voisins furieux) retourne à la case 15 (crise de nerfs).

• Le joueur qui en a marre peut laisser tomber et reprendre le cours de ce livre.

• Le joueur qui parvient à la case 25 (nourrisson endormi) a gagné la partie, ainsi que l'assurance de notre considération distinguée.

CHAPITRE 22

LA TRAVERSÉE DU DÉSERT

Quelques pères exécrables – il y en a, hélas – ne sont pas loin de penser qu'avoir un enfant chez soi c'est difficile, c'est cher et ça ne rapporte que des emmerdements. Honte à eux. Dans les premiers temps, les choses pourront néanmoins sembler leur donner raison. C'est moche.

Le fait est que L'IRRUPTION DE BÉBÉ DANS LA MAISON VA DONNER COMME UN COUP D'ARRÊT À VOTRE VIE SOCIALE. Si l'on excepte la proche famille, qui tentera au contraire de renforcer le pressing[1], les gens que vous fréquentiez d'ordinaire vont s'écarter de vous sans proférer une parole. Un peu comme s'ils éprouvaient soudain à votre endroit un fort sentiment de respect teinté de superstition ; un peu comme s'il s'agissait de tendre un cordon sanitaire autour d'une chouette bande de lépreux.

Rien ne sera clairement exprimé ; on continuera de vous téléphoner, de prendre de vos nouvelles, de vous lancer de loin de grands saluts cordiaux, des « hello ! » retentissants, des gestes d'encouragement. Mais on gardera ses distances. Avec courtoisie. Avec détermination.

1. Voir le chapitre suivant, « Autour du berceau ».

N'en veuillez pas à vos amis. Ceux qui ont déjà des enfants savent par expérience que vous êtes maintenant engagé dans une formidable partie de bras de fer avec le nouveau-né ; ceux qui n'en ont pas le devinent d'instinct.

Comme on ne vous invite plus nulle part, vous allez vous efforcer d'attirer les uns ou les autres chez vous. Vous réserverez à tous le meilleur accueil possible, vous mettrez les petits plats dans les grands, vous servirez même, si la saison le permet, un magnifique plateau de fruits de mer.

Avez-vous pensé aux fourchettes à huîtres[1] ?

Malgré tout, l'ambiance n'y sera pas, et vous sentirez vos convives nettement pressés de mettre les voiles. Certains même s'assoient près de la porte avec des mines craintives. Pourquoi ? Mais pour deux raisons toutes simples, grand benêt :

1. Vos amis se font de vous l'image d'un couple exténué, tendu, irritable à l'excès.
2. Vous êtes exténués, tendus, irritables à l'excès.

Et en vérité, cher lecteur, où est donc passé votre légendaire entrain de jadis ? Qu'est devenue votre bonne humeur si communicative ? Celle qui faisait dire de vous : « Quel couillon, ce Bernard ! » Tentons de voir les choses calmement, dressons le bilan de la petite sauterie.

- Vous avez passé plus de temps dans la chambre de bébé qu'avec vos invités.
- Vous étiez très énervés, surtout madame.
- Vous n'avez parlé que de l'enfant. Surtout madame.
- L'enfant a énormément crié.
- Vous avez vous-même crié.
- Vous avez montré les photos de la clinique.

1. Voir page 89.

• L'appartement avait des airs d'hôpital du Penjab.
• Il y avait une couche sale près des bouteilles d'apéritif.
• Le thermomètre traînait sur l'accoudoir du canapé.
• On marchait sur des tubes de pommade.
• Les huîtres sentaient la vase.

Bref, il n'y a pas de quoi pavoiser. Ne vous étonnez pas qu'on cherche délibérément à vous éviter par la suite.

LA RÉFLEXION DU DR HERMANN PAULL

La question de savoir quand l'enfant doit être mis pour la première fois au grand air est un casse-tête pour bien des parents. Une réponse passe-partout n'est pas possible.

L'OPINION DES AUTEURS

Une réponse passe-partout est toujours possible, Hermann!

Hors de la société des hommes, vous ne trouverez finalement de distraction que dans les sorties familiales. Mais elles seront rares et pénibles.

Avant, il y a une éternité, quand vous n'étiez pas encore père, tout était incroyablement facile : vous décidiez de sortir et vous sortiez, point final.

Maintenant bébé est là, et c'est un compagnon peu commode. Pas question de l'entraîner dehors s'il fait froid, s'il pleut, ou s'il y a du vent, ou si le soleil tape dur. Et il y a aussi les biberons à donner. Les mois passant, il y en aura de moins en moins, c'est exact, mais il en restera toujours assez pour vous empêcher de bouger.

Supposons pourtant que vous bousculiez l'obstacle ; supposons aussi qu'il fasse un temps idéal : air tiède, ciel dégagé, luminosité modérée, petite houle de Sud-Baléares à Nord-Gascogne. Est-ce gagné pour autant ? Les portes de la liberté vont-elles s'ouvrir devant vos yeux humides ? Non.

Vous allez d'abord devoir user de diplomatie, ou d'autorité, ou même recourir aux plus infâmes menaces pour que votre épouse harassée accepte de se mouvoir. Puis il faudra la convaincre d'habiller l'enfant, et peut-être même l'assister dans cette besogne sans gloire. Surtout pour enfiler les petits bras agités dans les manches étroites de la parka. Puis il s'agira de rassembler tout le matériel de l'expédition, et c'est là que vous comprendrez que la situation a tout de même beaucoup évolué. Les mains dans les poches et le nez au vent, c'est fini !

Dans le meilleur des cas, vous n'emporterez que le landau équipé de tout son attirail de couchage, un biberon chaud dans sa Thermos, deux changes complets, deux pyjamas, un hochet, un bon gros sac pour fourrer le tout, sans oublier le nourrisson lui-même.

Si vous espérez aller loin, ou rester longtemps hors de chez vous, ou vous introduire quelque part, vous ajouterez à la liste d'autres biberons, vides ceux-là, et des tétines, et du lait, et le chauffe-biberon, et d'autres changes complets. Et tout cela pèse déjà son petit poids.

De tout cœur, cher monsieur, nous vous souhaitons de disposer d'un ascenseur spacieux.

SI VOUS N'AVEZ PAS D'ASCENSEUR, N'AYEZ PAS D'ENFANT !

Dans l'hypothèse où vous caresseriez le projet chimérique de passer une nuit ailleurs que dans votre appartement dévasté, ou de prendre quelques vacances – allez savoir –, vous devrez impérativement vous munir du petit siège inclinable et du lit pliant. Et de boules Quies, bien sûr.

Vous prendrez votre voiture, c'est inévitable. Sincèrement, lecteur ami, nous espérons pour vous qu'elle a un très grand coffre.

SI VOTRE VOITURE N'A PAS UN TRÈS GRAND COFFRE, N'AYEZ PAS D'ENFANT !

Vous aurez à démonter le landau pour le caser dans la bagnole, puis à le remonter une fois sur place. Vous devrez aussi assembler le lit pliant et déplier le siège inclinable. Après tout, vous arriverez peut-être à faire tout cela sans blesser personne, sans vous pincer les doigts, et même sans élever le ton ; vous seriez alors un jeune père éblouissant de virtuosité et de fair-play. Un sacré type.

Porter ! Porter ! Voilà ce que vous allez faire au cours des premiers mois. Porter comme une bête, comme un serveur de pizzeria sicilien, comme un nouvel Atlas soutenant l'univers sur son râble. Toujours vous aurez les mains prises, les bras chargés, les jambes flageolantes sous le fardeau, la démarche titubante, le champ visuel obstrué par les sacs et les paquets. Et votre femme ne sera pas plus épargnée que vous, et vous la regarderez peiner comme une maudite, et vous regretterez de ne pas avoir plutôt épousé un mulet.

La quantité de matériel nécessaire à bébé est inversement proportionnelle à son âge, c'est la dure loi de la destinée humaine. À trois mois, le petit être a besoin d'une affolante montagne d'accessoires ; à vingt ans, il ne lui faudra plus que son slip et sa brosse à dents, et il les portera tout seul !

En attendant, lecteur courageux, vous vous satisferez de mélancoliques promenades à travers votre quartier. Vous allez très bien le connaître, ce quartier. Vous arpenterez les rues sans joie au bras de madame, en poussant le landau à petits pas dignes et las, et ce sera la poignante balade dominicale du jeune ménage abandonné à lui-même.

Votre compagne est certes une personne agréable à vivre, pleine de charme, attrayante au possible, mais son envoûtante présence ne vous empêchera pas de ressentir de temps à autre les affres d'une certaine solitude.

Qu'y faire ?

Soyons réalistes ; les seuls amis qui vous verraient volontiers en ce moment sont ceux qui ont sur les bras un enfant encore plus petit que le vôtre. S'ils réussissent à vous coincer, ils vont vous inviter à déjeuner chez eux, ça ne fait pas le moindre doute. Franchement, avez-vous envie d'entendre le récit pitoyable de leurs nuits sans sommeil ? De contempler leurs sanguinolentes photos de clinique ?

Avez-vous vraiment envie de vous appuyer leur effroyable môme ?

Chapitre 23

AUTOUR DU BERCEAU – FAUNE ET FLORE DE LA CHAMBRE DE BÉBÉ

Durant les premiers mois de sa vie, bébé est quasiment immobile, et passe d'ailleurs la majeure partie de son temps à dormir. Pourtant, tout un monde s'organise autour de lui, souvent sans qu'il s'en aperçoive, et de multiples espèces animales ou végétales prolifèrent autour de son berceau.

Sachez les reconnaître.

• **Le parrain.** De sexe masculin, le plus souvent amical, sauf s'il a l'accent sicilien, s'il porte un costume sombre et des lunettes noires. Outre le fait qu'ils sont souvent des amis du jeune père, les parrains soignent fréquemment leur image de marque en apportant des joujoux au bambin et des fleurs à madame. Sacrés types.

• **La marraine.** Femelle du parrain, mais pas toujours. Son devoir sacré est de se munir d'une cargaison de dragées à chaque occasion importante. On déconseillera au jeune père de draguer excessivement la marraine de son bambin, surtout s'il s'agit d'une amie intime de la jeune mère.

• **Le grand-père.** Fait unique dans l'ensemble du monde animal, cette appellation recouvre deux espèces très différentes, le grand-père paternel et le grand-père maternel. Le rôle traditionnel du grand-père paternel est de raconter des histoires jusqu'à l'endormissement du bambin et de clamer à qui veut l'entendre que ce dernier lui ressemble comme deux gouttes d'eau. C'est charmant.

Quant au grand-père maternel, qui par ailleurs peut se trouver être simultanément grand-père paternel d'un autre bambin, son rôle se limite à un réfrènement de l'ardeur de la grand-mère maternelle (par ailleurs dénommée « belle-mère »). Ce qui n'est pas rien.

• **La grand-mère.** De sexe féminin, sympathique mais maladroite, dont l'occupation essentielle est de fournir à votre épouse des recettes de cuisine, des remèdes de bonne femme et de vigoureux dictons. Les bébés aiment en général beaucoup leurs grand-mères, parce que celles-ci se révèlent à l'usage aisément manœuvrables.

• **L'oncle.** Certains oncles sont des parrains. Si le jeune père disparaît – ce que nous ne vous souhaitons pas –, ils incarnent alors ce dernier aux yeux de bébé et de toute la famille. Ils deviennent ainsi des oncles incarnés.

• **La tante.** Femelle de l'oncle. La tante doit obligatoirement être de sexe féminin, sinon ça fait mauvais genre.

• **Les cousins.** Créatures de sexe masculin vivant en horde. Les cousins de bébé sont en général bruyants, brutaux et pleins de bonne volonté, ce qui ne les rend que plus dangereux. Livrer bébé à ses cousins, c'est courir le risque de voir votre cher ange servir de cible vivante, de cobaye, de gardien de but ou d'oreiller, ce qui, vu son jeune âge, semble déconseillé.

• **Les cousines.** Variante féminine des cousins. D'autant plus redoutables.

• **Les baby-sitters.** Êtres nonchalants de sexe et de visage changeants, dont l'activité principale consiste à ouvrir la porte de votre frigo et à allumer votre téléviseur. Les baby-sitters ne présentent aucun danger pour bébé, vu qu'ils ne mettent que très rarement les pieds dans sa chambre, quoi qu'il arrive.

• **Les doudous.** Objets mous, doux et passifs dont le flegme ne peut jamais être pris en défaut. Les bébés aiment beaucoup les doudous. C'est un fait.

• **Les autres jeunes mères.** Espèce en voie d'apparition dès les premières sorties de bébé. Vivent en bande sur des territoires clos : squares, garderies, salles d'attente de pédiatre…

• **Les acariens.** Vermine pullulante.

• **Les voisins.** Autre vermine pullulante, bruyante, malpolie et désagréable, que son ouïe particulièrement aiguisée pousse à jaillir de sa tanière, les yeux hors de la tête, pour peu que bébé se mette à pousser son fameux cri qui tue. Des salauds.

Chapitre 24

L'HUMOUR BÉBÉ

Dans les premières semaines de sa vie, le nourrisson donne tous les signes d'un excessif renfrognement. Certes, il vient de naître et ça n'a rien de drôle, avouons-le, surtout quand on sait ce qui l'attend par la suite. Mais nous sommes tous passés par là, nom d'une pipe en bois, et nous n'en sommes pas morts ! Enfin, pas encore.

Lui, il est tout jeune, il a toute sa vie devant lui et en plus il fait la gueule ! C'est quand même un comble, non ?

Observons-le, l'animal. Au départ, il ne fait que dormir comme un bienheureux et manger.

Plus tard, il gigote un peu, il jette un œil autour de lui, et tout de suite il tire une tête pas possible ! Le monde tel que nous l'avons fait ne lui convient pas ; d'accord, ça pourrait être mieux, mais il n'y a tout de même pas de quoi faire la grimace, devenir violet et se mettre à pleurer ; si ça lui plaît pas, notre monde, au bébé, c'est pas une raison pour en dégoûter les autres, non mais sans blague !

Plus tard encore, il s'aperçoit de votre existence, cher lecteur, mais ça n'a pas spécialement l'air de l'enchanter non plus. Il reste immobile, à regarder vaguement dans votre direction, ses petits poings serrés comme s'il allait y avoir de la baston, le faciès un tantinet hagard ; c'en est à se demander s'il voit bien clair. De fait, il paraît que non.

D'autres fois, il vous fixe avec une intensité inquiétante, le regard sévère, exactement comme s'il venait de vous découvrir debout près d'un cadavre, avec une hache sanglante à la main. À quoi pense-t-il ? Évalue-t-il votre degré de culpabilité dans ce qui lui arrive ? Suppute-t-il les chances qu'il a de s'en sortir avec un père tel que vous ? Tout cela reste mystérieux.

Gravité hors de propos, attitude bourrue, méfiance envers les siens, telles sont donc les caractéristiques du comportement initial de l'enfant. Par bonheur, très vite, le petit visage rougeaud va s'éclairer de merveilleux sourires, et ce sera comme un rayon de soleil dans un commissariat de banlieue.

Il ne sourit pas réellement, vous expliqueront invariablement quelques esprits chagrins. Ce sont des rictus, parce qu'il a mal au ventre, parce qu'il a des gaz…

Merci pour la poésie de la chose. Ami qui nous lisez, sachez que voir sourire bébé est l'une des joies ineffables de la paternité. Car à l'instar du chauve bien connu, bébé sourit. Vraiment. Pour de bon. BÉBÉ A LE SENS DE L'HUMOUR.

Un sens de l'humour somme toute assez spécial. Bébé est sérieux comme un pape, puis le voilà qui sourit, et la seconde d'après il a déjà repris son expression solennelle et compassée. En fait, BÉBÉ EST UN PINCE-SANS-RIRE, avec un goût prononcé pour le comique de répétition ; un type du genre Buster Keaton, Molière, Landru.

LE SCOOP DU DR HERMANN PAULL

La joie enfantine peut éclater dans la plus pauvre maison, car elle ne nécessite aucune dépense.

Passons en revue ses trois plaisanteries préférées.

1. Bébé vient d'avaler son biberon, ou tout au moins le contenu de son biberon. Vous savez, par expérience, qu'il va devoir faire son petit pipi. Alors vous le laissez sur la table à langer, les fesses à l'air. Et vous attendez. Et vous êtes très pressé. Vous avez un rapport à écrire, ou un mémo à lire, ou une pièce usinée à fraiser, ou un rendez-vous avec la môme Zelda (celle avec les seins). Et vous attendez. Et il ne se passe rien. Et vous ne pouvez plus attendre.

Alors vous prenez la couche, vous la placez sous les fesses de l'enfant afin de l'emmailloter, mais l'enfant fait pipi. Tout est mouillé. Vous prenez une autre couche, vous recommencez, et l'enfant fait encore pipi. Vous prenez une troisième couche, vous exécutez la manœuvre à nouveau ; tout va pour le mieux. Vous tirez bien sur la petite brassière de coton, vous enfilez les petits mollets dans les petites jambes du petit pyjama, vous fermez les petits boutons-pressions… et une odeur tristement identifiable vient alors vous frapper au visage. TOUT EST À REFAIRE !

Tordant, non ? Du vrai Dany Boon.

2. Bébé vient d'avaler son biberon. Vous savez, par expérience, qu'il va devoir faire son petit rot. Alors vous le tenez dans vos bras, vous lui tapotez le dos en lui débitant des niaiseries, et vous attendez. Comme d'habitude, vous êtes très pressé. Vous avez un avion à prendre, un huissier à fuir, du café à moudre. Et vous attendez. Et rien ne vient.

Vous redoublez de niaiseries, vous tapotez sec et l'enfant rote enfin, avec un bruit vigoureux de tuyauterie qui se vide, un bruit qui ne trompe pas : il en a plein son pyjama, vous en avez plein votre veste. Il va falloir changer l'enfant, vous changer, tout changer. Mais c'est trop tard.

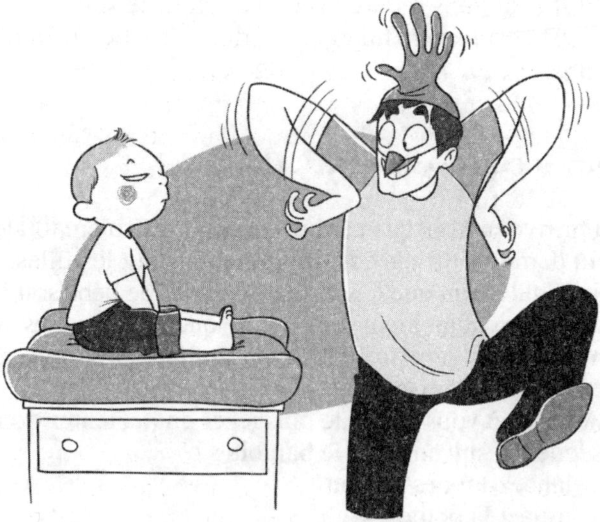

Le gag est irrésistible. Du Bigard tout craché.

3. C'est la nuit, bébé crie. Vous savez, par expérience, qu'il ne s'arrêtera pas tout seul. Alors vous titubez jusqu'à sa chambre, vous le pêchez au fond du berceau, vous le bercez dans vos bras en lui débitant des fadaises. Et il se tait.

Vous êtes épuisé. Vous marchez de long en large, vous chantonnez, vous avez les yeux qui se ferment. Et vous reposez l'enfant dans son berceau ; il ne moufte pas. Vous le couvrez soigneusement ; il vous regarde avec ses deux gros yeux ronds. Vous sortez de sa chambre sur la pointe des pieds ; pas un bruit. Vous vous glissez dans la vôtre, telle une ombre ; silence absolu. Vous vous enfouissez dans vos draps avec un soupir d'aise, mais déjà votre cœur se crispe : l'enfant crie comme un putois !

Et il peut vous refaire le coup dix fois de suite !

C'est absolument hilarant. Patrick Sébastien ne ferait pas mieux.

Vous ne faites pas rire bébé. Que faire ?

Il arrive parfois que certains petits êtres soient totalement démunis du sens de l'humour. Surtout les filles. Il arrive également que le sens de l'humour de bébé soit au contraire extrêmement aiguisé, et que les pitreries de son père l'affligent profondément. Au fait, êtes-vous sûr d'être vraiment marrant, comme père ?

Au cas où vous auriez le plus léger doute, tentez donc la séquence suivante sur le bambin :

- lancez-lui des confettis,
- imitez la poule,
- faites le zouave,
- agitez les mains,
- claquez la langue,
- sautez par-ci, par-là comme un cabri.

Un tel enchaînement de cocasseries désopilantes ne devrait pas laisser l'enfant indifférent.

S'il ne rit toujours pas, il faut vous rendre à l'évidence : votre bébé est un austère. Et il n'est jamais drôle d'être le pater d'un austère.

Chapitre 25

LES 12 QUESTIONS QUI REVIENNENT TOUJOURS

1. À quel âge bébé voit-il ?

Bien assez tôt, allez ! Et croyez-moi, il n'a pas les yeux dans sa poche, le mouflet ! Dès le deuxième mois, vous veillerez en conséquence à ne plus lui offrir le déplorable spectacle du jeune père mal coiffé, pas rasé, surgissant devant le berceau dans les tenues les plus invraisemblables. La première image que l'enfant aura de vous déterminera par la suite tout son comportement à votre égard ; voulez-vous vraiment qu'il vous appelle « vieux croûton » ?

2. Faut-il peser bébé tous les jours ?

Non, sauf si vous avez fait l'erreur d'acheter un pèse-bébé, ou de le louer, et que vous teniez dur comme fer à amortir cet investissement ridicule. L'enfant prend environ 25 grammes par jour, c'est tout ce qu'il y a à savoir. Souvenez-vous que ce n'est pas un rôti ; vous n'avez pas à calculer son temps de cuisson.

3. Faut-il laver bébé tous les jours ?

Oui, surtout si c'est votre femme qui s'en charge.

L'AVERTISSEMENT DU DR HERMANN PAULL

Toute malpropreté peut être fatale à l'enfant. C'est la raison pour laquelle on lavera la baignoire avant chaque bain.

L'OPINION DES AUTEURS

Il ne sera pas mauvais non plus de laver le savon.

4. Faut-il réellement savonner bébé à la main ? Lui laver la tête à chaque bain, lui nettoyer les yeux, le nez et les oreilles avec du sérum physiologique, le sécher soigneusement à l'aide d'une serviette propre en accordant une attention particulière à ses nombreux replis cutanés (cuisses, bras, cou), lui enduire le corps d'huile d'amandes douces et lui talquer légèrement la peau pour faciliter le rhabillage, est-ce réellement cela qu'il faut faire ?

La réponse est oui.

5. Combien bébé a-t-il de bras et de jambes ?

Deux bras et deux jambes. Lorsque vous l'avez vu se débattre sur la table à langer, vous avez pu croire qu'il en avait au moins le double, mais ce n'était qu'une illusion d'optique due à ses gesticulations ; soyez pleinement rassuré. Si toutefois il a réellement quatre jambes, téléphonez au cirque Zampano, il y a du pognon à se faire.

6. Comment immobiliser bébé sur la table à langer ?

Certains prônent une pesée franche et constante sur l'abdomen, mais la méthode a l'inconvénient majeur de bloquer les deux mains de l'opérateur. D'autres poussent de grands cris qui stupéfient un instant l'enfant, puis profitent de cette paralysie momentanée pour lui faire enfiler une manche de la brassière, par exemple. D'autres enfin ont systématiquement recours au double-nelson.

Nous nous garderons bien de leur jeter la pierre.

7. Pourquoi bébé est-il tellement empoté ?

C'est une grande et belle loi de la nature, ami lecteur : plus l'espèce est évoluée, plus le petit reste longtemps et totalement dépendant de ses parents.

Voyez le poulain, pour ne citer que lui ; à peine né, il se dresse sur ses sabots et marche comme vous et moi (mais à quatre pattes). Mais chacun sait que ses parents sont de vrais crétins.

Dans un sens, le fait que l'enfant demeure pendu à nos basques une éternité est assez flatteur ; c'est la preuve que nous sommes les plus évoluées des créatures terrestres. Oui, même vous, monsieur.

8. Est-ce mal de donner une sucette en caoutchouc à bébé pour le faire taire ?

Non. Quand il y a légitime défense, toutes les ripostes sont admissibles.

D'aucuns objecteront que la sucette en caoutchouc va déformer le palais du petit être ; c'est un moindre mal, car, quand le nourrisson braille, on est très vite prêt à lui déformer n'importe quoi, y compris le portrait.

LA PRÉCISION DU DR HERMANN PAULL

Une sucette méticuleusement propre et en bon état est un moyen inoffensif de calmer et d'endormir un nourrisson. Il est en revanche nuisible à l'enfant de tremper ladite sucette dans du sucre ou du miel, ou de l'emplir de graines de pavot.

L'AVIS DES AUTEURS

On évitera aussi de la farcir de mort-aux-rats.

9. Laisser chaque matin bébé à la crèche, n'est-ce pas un peu abdiquer son rôle d'éducateur, quelque part, d'une certaine manière, tout de même ?

Un instant. Avez-vous pensé à inscrire votre enfant à la crèche trois ans avant sa naissance ? Non ? Alors ne vous tracassez plus ; vous n'aurez jamais de place à la crèche.

10. Peut-on échanger bébé contre quelque chose de mieux ?

Non, et pour trois raisons :

1. Il n'existe rien de mieux que bébé.
2. Les lois françaises interdisent ce genre de troc.
3. Même si elles l'autorisaient, vous ne trouveriez pas preneur.

11. À partir de quel âge peut-on frapper bébé ?

Il n'y a pas d'âge pour bien faire, c'est connu. Rappelons toutefois que le petit être est fragile.

Dans un premier temps, nous ne saurions trop vous conseiller de passer vos nerfs sur un voisin, sur un collègue ou sur un quelconque ami de bonne composition. De préférence chétif.

12. Existe-t-il une raison de ne pas désespérer ?

Bien sûr. La paternité, rappelons-le, est source de joies ineffables.

Chapitre 26

AUJOURD'HUI, C'EST DIMANCHE

Samedi soir, en vous couchant, vous avez décidé de faire plaisir à votre femme et, une fois n'est pas coutume, de vous occuper entièrement du petit monstre durant la journée de dimanche. N'est-ce pas une excellente occasion de lui démontrer une bonne fois pour toutes que tout cela n'est pas si terrible ?

Ravi de votre trouvaille, vous vous êtes endormi en rêvant d'un marmot souriant, épaté par votre douceur teintée de fermeté, découvrant avec émerveillement la main de velours et la volonté de fer de l'autorité paternelle.

Vous n'avez qu'une parole. Aussi les premiers signes d'agitation dans la chambre de bébé vous voient-ils debout sur le pont, prêt à affronter les tâches de cette journée de dévouement. Un simple coup d'œil à votre réveil vous indique cependant que cette journée a commencé un peu tôt. Mais vous ne faiblirez pas.

Six heures

Le bambin commence à brailler. Pourquoi peut-il bien pleurer ?... Ah oui, le biberon. Vous foncez jusqu'à la cuisine. Où est ce foutu biberon ? Le voilà. Et où est le lait ? Ici… Une minute. Combien faut-il mettre de cuillerées, déjà ? Vous foncez vers votre chambre, secouez doucement votre épouse et vous le lui demandez d'une voix très douce. Puis vous lui conseillez très gentiment de se rendormir. Le bambin braille plus fort. Aucune patience. Sacré type. Tout à fait le portrait de sa mère. L'eau chauffe et vous en profitez pour vous faire une petite tasse de café. Un bruit de pas dans le couloir. C'est votre femme qui, sans un mot, vous arrache le biberon des mains. Tandis qu'elle nourrit l'ogre nain, vous lui indiquez avec tact mais fermeté qu'on n'est pas aux pièces. C'est quand même dimanche, quoi !

Six heures trente

Vous vous chargez du rot. La régurgitation a été vigoureuse et votre tee-shirt est trempé de lait caillé. C'est assez désagréable. Vous rendez l'individu à sa mère tandis que vous allez prendre une douche.

Sept heures

Votre femme entre dans la salle de bains, un sourire ironique sur les lèvres et votre bébé favori dans les bras. « Tu ne devais pas t'occuper de lui, aujourd'hui ? » Vous comprenez qu'il est temps de vous remettre au boulot. Un petit coup de serviette, et vous héritez de votre héritier, qui dégage des effluves sans équivoque. Il faut le changer. Vous le débarrassez de sa grenouillère et défaites sa couche. Le spectacle est insoutenable. Vous l'abandonnez quelques instants sur la table à langer pour aller prendre l'air à la fenêtre. Votre femme entre à ce moment-là et fait des histoires. « Rendors-toi, ma chérie, je m'occupe de tout », lui assurez-vous. Elle ne semble pas vous croire. C'est moche.

Sept heures trente

Le chiard est torché et la couche est en place. Vous avez usé une bonne moitié de rouleau de Scotch pour la faire tenir, et votre opinion à cet instant est que ce n'est pas la peine de faire tant de pub à la télé pour des couches qui ne collent pas. Au moment de lui remettre sa grenouillère, vous constatez qu'en plus il y a eu des fuites et que le tissu est trempé. Mais voilà. Où sont les grenouillères de rechange ? Vous vous dirigez vers votre lit et conversez de choses et d'autres avec votre épouse avant de glisser innocemment dans la conversation : « Au fait, chérie, où sont les grenouillères ? » Elle vous le dit, mais vous avez le sentiment qu'elle est contrariée. Le monstre s'est rendormi. Vous tentez de faire de même.

Dix heures

Nouveaux pleurnichements dans la chambre de bébé. Votre femme ne fait semblant de rien, et vous vivez quelques instants d'agacement avant de vous souvenir de votre admirable engagement. Le bon vieux sens de l'honneur, en somme. Vous vous levez de votre lit douillet, que vous ne retrouverez que dans la soirée, c'est à craindre. Le cycle infernal biberon-lait en poudre-moutard-régurgitation recommence…

Onze heures

Vous n'êtes pas mécontent de vous. Cette fois, les choses se sont plutôt bien passées, et votre adorable bambin vous a même distinctement souri. Tout à fait le portrait de son père. Comme il frétille dans vos bras en vous regardant avec intérêt, vous hésitez à le recoucher. Vos nerfs auditifs supporteraient mal de nouveaux hurlements. C'est à l'instant où vous avez enfin trouvé une idée pour l'occuper et où vous allez allumer la télévision que votre épouse vous suggère de lui donner son bain. Voilà autre chose.

Sans vous départir de ce sourire qui fait votre charme, vous vous dirigez vers la chambre de bébé pour le débarrasser, sur la table à langer, des strates de tissu qui le recouvrent. En arrachant les languettes autocollantes de sa couche, vous découvrez avec ravissement que le petit ange est resté propre. Adorable enfant. Vous le saisissez délicatement et le posez contre votre épaule. Le temps de parvenir jusqu'à la salle de bains, vous sentez un liquide chaud tremper votre chemise. Il n'y a pas de doute possible.

Onze heures trente

Le bain n'a pas été tout seul, reconnaissons-le. Le Laurence Pernoud posé en équilibre sur une tablette est tombé dans l'eau au moment où vous vous baissiez pour ramasser le thermomètre. Un réflexe idiot, il y a maintenant du mercure et du verre cassé plein la salle de bains. Penser à ne pas marcher pieds nus. Tenant l'enfant d'une main, vous avez trempé votre coude dans l'eau pour savoir si elle n'était pas trop chaude. Ça allait, mais c'est dommage que vous ayez oublié de remonter la manche de votre pull-over préféré (celui avec Spider-Man). Quoi qu'il en soit, ça n'aurait pas changé grand-chose : vous vous êtes aperçu que votre bébé adorait patauger dans l'eau, et qu'il y mettait même une vigueur surprenante. Quand le niveau de l'eau sur le sol de la salle de bains dépasse celui de la baignoire, vous jugez qu'il est temps d'interrompre les ébats du monstre aquatique.

Vous avez réussi à décoller les pages du Laurence Pernoud, et vous passez tous les orifices (ou presque) de votre bambin au sérum physiologique, à l'aide d'un mouchoir en papier. Il n'apprécie pas. Vous abrégez. D'ailleurs vous êtes trempé et vous avez froid. Après avoir rhabillé votre bébé, vous allez vous changer. Rapidement. C'est l'heure de la promenade.

Douze heures trente

Retour de la promenade. Vous avez faim, bébé aussi. Comme, de vous deux, c'est lui qui crie le plus fort, vous lui préparez une sorte de bouillie liquide à base de Maïzena. Au point où vous en êtes, vous trouveriez presque ça bon.

Treize heures

Le nain roupille.

Seize heures

Le nain se réveille. Il a faim. Ce type est pénible.

Seize heures trente

Il est manifeste qu'il faut le changer. Bon Dieu, cela ne s'arrêtera-t-il jamais ?

Seize heures quarante-cinq

Le nain roupille à nouveau.

Dix-huit heures trente

Non… Pas déjà ? Si. Il a encore faim.

Dix-neuf heures quinze

Vous vous écroulez dans un fauteuil, sous l'œil narquois mais attendri de votre épouse. « Ça va ? » demande-t-elle. « Ça va », répondez-vous. Vous ne pourriez articuler un mot de plus. Vous commencez à trouver l'attitude de madame assez désagréable. N'oublions pas, SVP, que vous faites tout ça pour être gentil. Faudrait voir à pas en abuser !

Vingt et une heures

Vous prenez un air détaché, espérant que votre femme se décide enfin à prendre le relais. Rien à faire. Le morveux hurle à nouveau, là-bas dans sa tanière. EN PLEIN *STAR WARS* ! Ce que vous faites ce soir, aucune bête au monde ne l'aurait fait. Aucune bête au monde, en effet, ne donnerait un biberon de lait en poudre à son petit au beau milieu de *L'Empire contre-attaque*. Même au zoo de New York, ça ne s'est jamais vu.

Vingt et une heures trente

Vous avez expédié le problème. Le moutard est repu, changé, rendormi. Mais que font Meryl Streep et Robert Redford dans *Star Wars* ? Et où est passé R2D2 ? Bon sang ! Votre femme a changé de chaîne ! Elle a mis *Out of Africa* pendant que vous pataugiez dans les couches sales, et en plus, comme elle dort, elle est incapable de vous expliquer ce qui s'est passé dans la ferme africaine. « Ça va ? » demande-t-elle à nouveau en émergeant. « Ça va », répondez-vous en crispant la mâchoire comme Chewbacca. « Si tu veux, je m'occuperai du biberon de cette nuit », propose-t-elle.

Enfin une bonne nouvelle. Avec un peu de chance, votre adorable bambin ne se réveillera qu'après minuit. Et à minuit pile vous serez délivré de votre serment…

Mais, sapristi, que veut-il dire ?

Dès l'âge de six mois, pour les plus doués, et vers celui de dix-sept ans pour les crétins congénitaux, on remarque chez les bébés une volonté diffuse de communiquer, de s'exprimer autrement que par des gargouillis intestinaux, bref d'engager le dialogue. Cette louable intention est hélas le plus souvent pénalisée par une prononciation déplorable et un affligeant manque de vocabulaire. Les bébés semblent pour tout dire incapables de s'exprimer en français correct. Phrases sans verbes, fautes d'accord et tout ce qui s'ensuit.

Heureusement, on n'arrête pas le progrès et une équipe de chercheurs roumains a récemment publié une étude qui révolutionne la communication bébés-gens normaux et qui vous permettra, cher lecteur fidèle, de comprendre enfin votre nourrisson.

Nous sommes donc fiers de présenter pour la première fois en France ce...

Lexique français-bébé

Tata : le lit. La cuillère. Le nounours.
Baba : le biberon. Le bain. Le baba-cool.
Papa : le père.
Dada : la table à langer. Le réfrigérateur. Le hochet.
Dede : le chien. La poupée. Le pyjama.
Mama(n) : le cheval. Le lait en poudre. La mère. Le voisin du dessus.
Bebe : le home-trainer.
Rara : le rat. Le mobile. La couverture.

Notes pratiques

Pour plus de renseignements, le lecteur se reportera utilement aux ouvrages mentionnés ci-dessous :
Je m'acharne à élever mon enfant, par Laurent Pernod, éd. Pierre Hourra.
J'élève moi-même mon hamster, par le Dr Spock, éd. Trek.
Mère Courage et ses enfants, de Bertolt Brecht, 1941.

FILMOGRAPHIE

L'Enfance d'Ivan (URSS, 1962, 85 min, drame)
Un film d'Andreï Tarkovski avec Valentin Zoubkov.
Pendant la guerre, un jeune garçon se dévoue à sa patrie. Puis il meurt. Dommage.
Six mois d'enfer (France, 1932, 105 min, épouvante)
Un film de Raoul Leborgne avec Germaine Marcelle et Raymond Tant.
Un jeune père ne tient pas le choc et s'enfuit de chez lui pendant les six semaines tragiques. Il finit au bagne.
Le Maître du logis (Suède, 2001, 80 min, mélodrame)
Un film de Carl Theodor Dreyer, avec Johannes Meyer, Astrid Holm et Mathilde Nielsen.
Un ingénieur tyrannise sa femme, ses deux enfants et son canari. Une gothique sataniste le réduit en miettes.

Quatrième partie

DE SIX À DIX-HUIT MOIS

Jusqu'à l'âge de un an, l'enfant ne connaît pas le Mal.

Le Talmud.

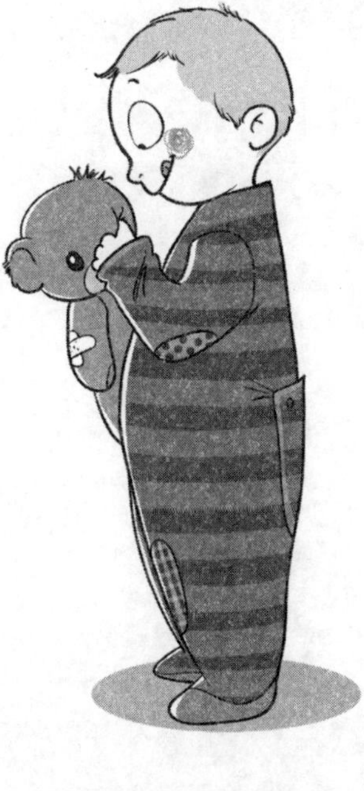

Tôt ou tard, bébé commencera à se déplacer.
Fini de rire. Le brailleur immobile des premiers temps a cédé la place à un brailleur en mouvement, et vous n'allez pas tarder à comprendre votre douleur. Vous croyez habiter un logis tranquille, sécurisé ? Détrompez-vous : votre maison n'est qu'un ramassis d'angles vifs, de prises de courant prêtes à fulgurer, d'échardes dans le parquet, d'armoires à pharmacie bourrées de psychotropes et autres horreurs propres à liquider n'importe quel marmot en moins de temps qu'il n'en faut pour le dire.
Naïvement, certains jeunes pères s'éblouissent des progrès incessants réalisés par le nain durant cette période fertile en émotions de toutes sortes. Qu'ils nous permettent de ricaner. Hi, hi, hi…
De six à dix-huit mois, bébé n'est qu'un polytraumatisé en sursis et ne survit qu'au prix d'une attention de chaque instant, de réflexes instantanés et d'une indispensable dose de prémonition chez ses parents qui, avouons-le, ne sont pas trop de deux pour assumer l'épuisante tâche de le maintenir en vie.
Certaines espèces animales dévorent leurs petits, nous sommes-nous laissé dire. Ainsi l'hyène putride du Hoggar. Ou la tanche géante de la Bièvre. Aucun doute que ces sales bêtes le font durant cette période. Irons-nous jusqu'à leur jeter la pierre ? Peut-être que oui, tout de même. Car si les moutards sont entre six et dix-huit mois de vraies calamités, il leur arrive immanquable-

ment de se révéler être, de courts instants, des sources de joies ineffables. Le temps d'un bisou à papa, par exemple.
Juste avant de faire tomber le vase de cristal de tante Karine.

CHAPITRE 27

BÉBÉ S'AGITE

Au fond de chaque être humain, il y a un explorateur qui sommeille. Ce sommeil peut sembler profond chez certains, mais l'instinct de l'aventure est bien là, en nous, prêt à resurgir à chaque instant. C'est ainsi que, après des années d'un trajet immuable pour se rendre au bureau par la ligne 12, Christian C., de Paris, décide sur un coup de tête de changer de trajet et de prendre par l'Étoile en changeant à La Motte-Piquet, au lieu de passer par Concorde, comme d'habitude. Une folie ! Une irrépressible envie d'envoyer balader les habitudes, le bon vieux train-train quotidien. L'instinct de l'aventure, en somme.

Quel que soit son avenir, employé au service du contentieux ou navigateur interstellaire, bébé manifeste une sujétion totale à ce vieil inst. de l'av. Les parents ne s'en rendent pas toujours bien compte, parce qu'ils surveillent justement à ce moment-là la cuisson du poulet ou parce qu'ils regardent *Top Star Story* à la télé, mais la hardiesse et l'audace de ces petits êtres sans défense sont confondantes. Ils ne doutent de rien, n'ont peur de rien, et pourtant leurs réflexes sont inexistants, leurs petites jambes vacillent au moindre souffle de vent et leur masse musculaire est négligeable.

Que faire, dès lors ?

Les ligoter dans leur berceau pour les empêcher de se ruer à l'assaut du vaste monde ? Non pas. Ce serait moche. Bébé doit apprendre par lui-même, faire ses propres expériences, savoir se relever tout seul lorsqu'il se casse la figure. Telle est la loi de nos grandes cités modernes, où l'esseulé a vite fait d'être harcelé par le fisc.

Rien ne vous empêche cependant de surveiller, grâce au tableau ci-dessous, l'évolution de la motricité de votre bambin.

LES GRANDES ÉTAPES DE LA MOTRICITÉ… ET LEURS DANGERS

Âge	Progrès	Danger
1 mois	Bébé parvient à tourner la tête pour suivre un objet des yeux.	Torticolis. Pleurs.
2 mois	Placé sur le ventre, bébé relève la tête.	Relâchement brutal des muscles du cou, bosse sur le front. Pleurs.
3 mois	Bébé joue avec ses mains et gigote des jambes.	Doigts dans l'œil, coups de pied dans le montant du lit. Pleurs.
4 mois	Bébé commence à tenir assis, calé contre un coussin.	Chute sur le côté. Pleurs.
5 mois	Bébé peut saisir un hochet.	Chute du hochet sur la figure. Pleurs.
9 mois	Bébé s'amuse à jeter par terre tout ce qui passe à sa portée.	Bris de certains objets : montre, vase en cristal de tante Karine, boîte de psychotropes. Pleurs.

Âge	Progrès	Danger
10 mois	Bébé se met debout dans son parc, en se tenant aux barreaux.	Dès qu'il les lâche, il chute. Pleurs.
11 mois	BÉBÉ COMMENCE À SE DÉPLACER ! La technique peut varier : certains rampent tels des commandos, d'autres marchent à quatre pattes, comme des hyènes putrides. Méfiez-vous : la vitesse de déplacement de bébé est souvent prodigieuse !	Chutes, heurts, torsions diverses des membres, dangers de la maison (voir pages suivantes). Pleurs.
12 mois	Bébé fait ses premiers pas, tenu par les mains moites d'un assistant (souvent un des parents).	Déboîtement des épaules. Lâchage subit (mains moites). Pleurs.
15 mois	Premiers pas tout seul. Bébé parvient à se relever lorsqu'il se casse la figure.	Basculement et roulades en tout genre. Pleurs.
2 ans	Bébé sait pousser un ballon du pied, courir, monter et descendre un escalier marche par marche.	Aucun. Néanmoins, pleurs.
2 ans 1/2	Bébé sait sauter d'un point à un autre, effectue des cabrioles, pirouettes et autres galipettes.	Le bébé particulièrement doué peut être enlevé par le cirque Zampano. Pleurs.
3 ans	Bébé sait monter un escalier, marche sur la pointe des pieds, monte sur un tricycle.	À tout moment, bébé peut surgir dans la chambre parentale et assister à une scène qui le traumatisera à vie. Pleurs.

Âge	Progrès	Danger
5 ans	Bébé fait du vélo.	Crevaison. Dopage. Contrôle d'EPO. Pleurs.
8 ans	Bébé saute 1 mètre en hauteur.	Il tombe de 1 mètre de hauteur. Pleurs.
10 ans	Bébé peut courir un kilomètre et sait effectuer un simple salto avant.	Le bébé particulièrement doué peut être enlevé par l'équipe russe de patinage artistique.
16 ans	Bébé peut courir 42 kilomètres sans s'essouffler et sait exécuter un double nelson avec saut chassé au thorax.	Vous ne pouvez plus l'attraper pour lui mettre une rouste. Pleurs.
18 ans	Bébé passe son permis de conduire. Fin de la motricité.	Refus de priorité. Accident. Pleurs.

Alors là, attention : ces dates sont impératives. Si votre bambin a ne serait-ce qu'un jour de retard, c'est très grave. Catastrophique. Imaginez un enfant de cinq ans incapable de faire du vélo. Impensable.

Que faut-il faire, dès lors, si bébé se montre infoutu de mettre un pied devant l'autre ? Lire le prochain chapitre.

Chapitre 28

APPRENEZ VOUS-MÊME LA MARCHE À BÉBÉ EN DIX LEÇONS

Il vous est certainement arrivé, ami lecteur, de tomber comme nous en arrêt devant l'un de ces étranges panneaux qu'une main insane et criminelle a placardés un peu partout dans notre beau pays, et plus particulièrement dans certains édifices publics : « Attention à la marche. » Comme nous, vous serez resté perplexe face à cet étrange avertissement, n'osant presque plus mettre un pied devant l'autre et ne reprenant confiance que très progressivement. La marche n'a en effet rien de dangereux, ni de particulièrement difficile. Nous connaissons nous-mêmes personnellement un certain nombre d'abrutis qui marchent très bien.

Votre enfant lui-même devrait y parvenir.

Comment lui apprendre à marcher ? C'est très simple.

Première leçon

Pendant que votre bambin joue innocemment dans son parc, approchez-vous de lui, les mains cachées derrière votre dos, un grand sourire aux lèvres. Dès qu'il vous regarde, dites-lui : « Devine ce que j'ai dans mon dos ? Un gros gâteau pour mon bébé ! » Bébé sourit, bat des mains, trépigne. Montrez-lui alors vos paumes, parfaitement vides. Bébé, incrédule, cesse de sourire. Vous l'avez fait marcher.

Deuxième leçon

Bébé est de mauvaise humeur, et il repousse systématiquement la cuillerée de nourriture que vous lui tendez. Posez le bol et menacez-le d'appeler l'ogre-qui-pue. Puis reprenez le bol et tendez-lui une nouvelle cuillerée. Bébé mange sans broncher. Déjà, vous remarquez les progrès réalisés : bébé marche droit.

Troisième leçon

Si vous êtes médecin, achetez à bébé une panoplie de médecin. Si vous êtes plombier, achetez à bébé une panoplie de plombier. Si vous êtes… Bref. Devant lui, dans votre tenue de travail, effectuez les gestes quotidiens de votre passionnant labeur : opération à cœur ouvert, pétrissage de pâte à pain, barbouillages de peinture (artiste), mise hors d'état de nuire d'un malfaiteur (professeur de lettres). Bébé vous imite. Une nouvelle étape est franchie : le petit marche sur vos traces.

QUATRIÈME LEÇON

Le moment est venu de passer à l'aspect pratique de l'exercice, c'est-à-dire, selon l'admirable ouvrage de M. Petit Larousse : « Changer de place en déplaçant les pieds l'un après l'autre. » Rien de plus simple.

Saisissez bébé par les mains et suspendez-le en l'air jusqu'à ce que ses pieds touchent le sol. Avancez alors franchement les bras : bébé bascule en avant. Par réflexe, il tend la jambe pour rétablir son équilibre. Que vient-il de faire, sinon changer de place en déplaçant ses pieds ? Le jeune type vient de faire un premier pas !

Cinquième leçon

Répétez le précédent exercice en ne tenant plus bébé que d'une main.

Sixième leçon

Ne le tenez plus du tout. Attention : bébé a une extraordinaire propension à se casser la figure. C'est à croire qu'il le fait exprès. Avant de le lâcher, vérifiez donc scrupuleusement que ses deux pieds touchent bien le sol, et que celui-ci n'est pas jonché de punaises, tessons de bouteille et autres boîtes de psychotropes.

Il n'est pas exclu – et c'est même à la réflexion fort probable – que bébé se contente de vaciller quelques secondes sur ses courtes pattes en vous regardant bêtement, avant de s'écrouler mollement sur son gros derrière. C'est signe qu'il faut passer à la septième leçon.

Septième leçon

Renouvelez l'exercice précédent, mais en plaçant bébé contre un mur. La station debout peut se prolonger nettement. Bébé est ravi. Vous aussi.

Huitième leçon

C'est bien beau, tout ça, mais nous n'allons pas en rester là. Hannibal n'a pas franchi les Vosges pour délivrer la Toison d'or et bouter les Anglais hors de France (ou quelque chose dans ce goût-là) en restant adossé à un mur. Placez à quelques mètres de bébé un objet auquel il tient et qu'il aura envie d'aller chercher (nounours, gâteau, maman, etc.). Bébé devrait avancer en se tenant au mur. S'il n'avance pas, mettez un objet encore plus tentant (billet de 20, i-pad, zapette...). S'il n'avance toujours pas, emmenez-le chez un opticien.

Neuvième leçon

Bébé doit maintenant marcher tout seul. Abattez le mur. (C'est la raison pour laquelle il est déconseillé d'apprendre la marche à son enfant chez soi. Le proprio pourrait ne pas être d'accord.)

Dixième leçon

Emmenez bébé en promenade en le tenant par la main, vous et votre femme. Agrémentez la balade d'exercices désopilants du style : « Un, deux, trois, youp'lala ! » Bébé aime beaucoup. Évitez cependant de lui démettre les bras.

Vous remarquerez que, en dépit de l'énergie prodigieuse que bébé déploie chez vous, sa résistance est extrêmement faible dès que vous mettez le nez dehors, à l'air libre. À peine cent mètres et il pleurniche pour que vous le preniez dans vos bras.

C'est normal.

Maintenant, c'est vous qu'il fait marcher.

Chapitre 29

LES DANGERS DE LA MAISON

On imagine mal à quel point notre cadre de vie habituel peut être dangereux pour bébé. Prises de courant fulgurantes, coins de table, escaliers vertigineux sont pour lui de véritables périls, d'autant plus que – il faut bien l'avouer – il n'en rate pas une.

Pour vous aider à découvrir ce qui, dans votre paisible intérieur, pourrait un jour provoquer un accident, nous vous proposons de vous instruire en vous amusant, à l'aide de ce…

Jeu des sept erreurs

Observez attentivement les deux dessins de la page précédente, apparemment identiques. Sept erreurs s'y sont pourtant glissées. Sept erreurs qui, ami lecteur, sont autant d'infractions aux règles les plus élémentaires de la sécurité au logis.

Solution

1. Le manche de la casserole d'eau bouillante est tourné vers l'extérieur : danger ! Bébé risque de la renverser et vous devrez refaire chauffer de l'eau pour votre thé.
2. La prise de courant n'est pas protégée : si bébé glisse ses doigts dedans, il pourrait plus tard avoir la mauvaise habitude de se mettre les doigts dans le nez.
3. Les allumettes ne sont pas rangées dans leur boîte : Bébé peut sucer le soufre et se barbouiller de rouge, comme un Cheyenne ivre de scalps.
4. Le pare-feu n'est plus disposé devant l'âtre : attention ! Des étincelles risqueraient d'abîmer votre tapis.
5. Les angles de table ne sont plus en place : Bébé pourrait érafler le précieux meuble en se cognant.
6. Bébé n'est plus à la même place : eh oui ! Avouez que vous vous y êtcs laissé prendre ! Notre dessinateur a volontairement glissé cette note d'humour bien innocente dans son second croquis. Excusez-l'en.
7. Un sac en plastique traîne sur le sol de la cuisine : Bébé risque de le jeter dans la mauvaise poubelle. Le sac ne sera pas recyclé. Le réchauffement de la planète en sera aggravé d'autant. Merci, bébé.

Nota : Si vous avez découvert d'autres erreurs de sécurité, c'est que vous êtes totalement parano. Un peu de recul, voyons ! Voulez-vous que votre bambin devienne une poule mouillée ?

Alerte maximum

Si les dangers de la maison sont connus et répertoriés, il est un autre péril dont on ne parle guère, et qui pourrait cependant s'énoncer en quelques mots tout simples, sans affoler personne : UN BÉBÉ QUI MARCHE EST UN BÉBÉ QUI SE PERD.

Que de fois n'avez-vous pas entendu, lecteur ami, alors que vous cherchiez l'article chic et pas cher dans les rayons d'un quelconque magasin, que de fois n'avez-vous pas entendu, sur un fond sonore de vagissements et de sanglots lamentables, une voix très tendue résonner brusquement dans les haut-parleurs :

– Une petite fille brune en salopette jaune attend sa maman au bureau de la direction, troisième étage, près des caisses. Vite, madame ! Et emportez une couche !

Sur le moment, bien sûr, vous n'avez pas prêté grande attention à l'incident. Vous n'étiez pas encore un jeune père. Peut-être avez-vous seulement songé qu'il fallait être bien stupide pour égarer son enfant et qu'une telle aventure ne vous arriverait jamais. Erreur. Vaine illusion.

Il faut savoir qu'en dépit de ses airs patauds et de ses courtes jambes tordues BÉBÉ EST CAPABLE D'ACCÉLÉRATIONS STUPÉFIANTES. C'est pour cette raison qu'on l'a d'ailleurs si souvent comparé au caïman des marais poitevins.

Le petit humain est là, tout près de vous. Vous détournez le regard une poignée de secondes, juste le temps de lorgner une paire de pompes en solde dans une vitrine[1], et déjà il a disparu ! Il a poussé une de ses pointes de vitesse légendaires, il n'est plus dans votre champ visuel. Où est-il passé ? Derrière cette voiture ? Dans cette voiture ? Sous cette voiture ? C'est la panique, le coup au cœur, l'angoisse. Impression détestable.

Évidemment, on ne peut pas cloîtrer le bambin dans sa chambre, surtout quand il manifeste ardemment le désir de découvrir l'univers sur ses minuscules pieds neufs. On ne peut pas non plus le promener en laisse, comme un chien, ce serait très mal vu. Alors que faire ? Comment ne pas le perdre ? Tout bêtement en évitant de le trimbaler dans les endroits à haut risque, lesquels sont au nombre de quatre, ainsi que chacun devrait le savoir, tout de même, merde !

1. Ou le reflet émoustillant d'une paire de loches dans la même vitrine.

1. Les marchés

Pourquoi entraîner le petit être innocent dans ces foires d'empoigne ? Est-il donc si important de le pervertir tout de suite au contact de la société mercantile et des foules piétinantes ? Est-il citoyen d'emmerder le monde avec votre poussette, enfin quoi !

De toute façon, cher lecteur, soyez prudent : un cabas bourré de patates accroché à la poignée du landau peut déséquilibrer tout le bazar et projeter bébé, par un effet de catapulte, jusque sur l'étal du poissonnier, où frétillent encore les crabes, avec leurs atroces pinces coupantes !

Un accident hélas bien plus fréquent qu'on ne le pense.

2. Les concerts de rock

On a vu trop fréquemment de grands gaillards hirsutes se tenir près de la sono, au cœur de la mêlée, et battre follement la mesure avec un malheureux gamin juché sur leurs maigres épaules de routards. Des scènes qui ont pu passer pour attendrissantes en leur temps, mais qui font désormais frémir. Qu'on imagine un seul instant ces mêmes grands gaillards hirsutes soudain projetés au sol par une bousculade de drogués. Que devient l'enfant au milieu des cris d'horreur, des tessons de bouteille qui volent et des coups de santiag en pleine tronche ? Comment le retrouvera-t-on dans cette cohue d'enfer, alors qu'un solo de djembé assourdissant interdit toute amorce de dialogue ?

Amateurs de *death metal* qui tenez vraiment à éduquer l'oreille de votre progéniture, contentez-vous de lui faire entendre vos vieux 33 tours pourris. Ce sera suffisant.

3. Les manifestations et meetings politiques

Certes, les banderoles et drapeaux vivement agités par des milliers de bras haineux constituent un spectacle féerique, bien propre à charmer le premier âge. Certes encore, il n'est jamais trop tôt pour faire l'apprentissage de la vie civique, mais enfin, tout de même, n'exagérons rien : votre rejeton ne votera pas avant ses dix-huit ans. Et en plus il votera certainement pour un con !

De plus, et sans vouloir offenser personne, les militants – quelle que soit leur couleur politique – sont des gens singulièrement assommants, qui se coiffent de casquettes en papier et beuglent comme des vaches au moindre prétexte, tels des supporters de foot. Bébé ne gagnera rien à les fréquenter, surtout s'il est issu d'une famille centriste.

LA NOTE JOYEUSE DU DR HERMANN PAULL

Beaucoup d'enfants, particulièrement parmi les névropathes, font preuve d'une agitation corporelle à un haut degré. Leurs muscles sont en mouvement constant. On fera bien de ne pas user de sévérité pour y remédier.

LA RÉSERVE COURROUCÉE DES AUTEURS

Nous étions nous-mêmes des enfants névropathes et cela ne nous a pas empêchés de grandir telles de vigoureuses pousses. Alors, eh bien, hein?

4. Les plages

Ce sont les lieux de perdition par excellence. L'enfant s'élance au milieu des corps nus, nu lui-même, et il ne faut pas le lâcher de l'œil une seule fraction de seconde, sinon c'est foutu. Pas question de le retrouver dans ce décor dénué du moindre point de repère, et ce ne sont pas les anciens de l'Afrika Korps, qui sont très nombreux dans la salle et que nous remercions vivement d'être venus car ils sont formidablement sympathiques, ce ne sont pas ceux-là donc qui nous contrediront, eux qui en ont tellement bavé dans les dunes. *Ach, Krieg nicht gut !*

Le sable est uniformément beige. Tous les parasols sont identiques, toutes les bouées sont identiques, toutes les fesses des femmes sont identiques. Enfin presque. Quant aux nageurs, ils bougent sans arrêt, impossible de compter sur eux. Alors il faut suivre la frêle silhouette du regard, inlassablement, avec le soleil dans les yeux, avec le sable dans les yeux, avec l'eau salée dans les yeux. C'est inhumain.

Très sincèrement, ami lecteur, nous vous déconseillons les plages, excepté peut-être celle de Knokke-le-Zoute en novembre.

Pour ce qui est des vacances, choisissez de préférence une campagne déserte, paisible, pluvieuse au besoin. Un endroit où le K-Way rouge du petit tranchera nettement sur le vert des feuillages, où vous n'aurez pas à jouer les miradors humains.

Et si vous déplorez amèrement de moisir dans un trou, cher monsieur, dites-vous bien que, de toute manière, vous ne seriez pas mieux ailleurs.

AVEC BÉBÉ, ON N'EST JAMAIS VRAIMENT EN VACANCES NULLE PART.

Observons à toutes fins utiles que, pour ne pas risquer d'égarer son bambin, il serait bon d'éviter également les rues, toutes les rues. Mais il est notoire que les villes en sont pleines. Le jeune père qui devra se hasarder sur un trottoir avec un marcheur débutant aura soin de lui crocheter fermement la main, ou de trottiner constamment derrière lui, quitte à passer pour un grand crétin enjoué aux yeux du voisinage. Dignité personnelle et sécurité de l'enfant sont difficilement conciliables dans ce genre d'exercice, sauf si l'on réussit à trottiner sans trop de raideur, avec un air dégagé et noble sur le visage.

Mentionnons encore les fugues, car elles peuvent se produire dès les premiers pas. Le jeune être en état de marche depuis peu n'a pas le moindre sens de l'orientation (comme une femme), pas la moindre notion de l'endroit où il espère aller, mais le fait est qu'il y va tout de même, et aussi vite qu'il peut. Il est déjà animé de cet esprit d'aventure, de cette rage d'explorer, de cette immense soif de liberté qui sont le propre et l'orgueil de notre humanité, et de votre antique lignée précisément, cher monsieur. Bon sang ne saurait mentir.

Si vous voyez bébé s'éloigner les mains vides, il n'y a rien de spécial à craindre. Surveillance normale. Mais s'il passe en serrant sous son bras son nounours préféré, si son vieux doudou de la nuit déborde un peu de sa poche, alors c'est qu'il a décidé d'aller courir les routes. Alerte rouge, interception immédiate.

Vidéosurveillance ou puce électronique : le choix de l'homme moderne !

Ne confiez plus votre enfant à votre seule vigilance. Et encore moins à celle de madame, si notoirement tête en l'air !

Équipez votre enfant de la balise numérique Bébé Control®, insérable sans grande douleur dans la nuque du petit être.

Disposez sur son parcours les caméras thermiques Baby Watch® reliées à votre ordinateur de bureau et à la centrale d'alarme Vigiles assistante premier âge.

Ainsi, vous pourrez enfin dormir sur vos deux oreilles.

Bon de commande

À renvoyer à Vigiles assistance premier âge,
ZUP Michel-Leeb. 93657 Gennevilliers.

Oui, je commande dès aujourd'hui mon kit SECURITAS DADDY option Alerte maximum, pour la somme de 2999 €, payables en dix mensualités de 350 €.

Nom .... Prénom ....

Adresse ....
....
....
....
....

Rappelons encore, s'il en est besoin, que les kidnappings existent, et notons immédiatement à ce sujet un petit fait curieux. Le trot enlevé n'a jamais suscité le moindre scandale. Nul ne songerait à s'insurger contre un rythme enlevé, et un slip enlevé peut même déclencher des tonnerres d'applaudissements dans les boîtes de nuit du Caire, si le public est un peu schlass. L'enfant enlevé déclenche au contraire et invariablement une réprobation unanime et sans nuance. C'est ainsi. L'enfant est roi.

Précisons que, pour qu'un bébé soit enlevé, deux conditions sont requises :

1. Il faut que ses parents soient riches.
2. Il faut que ça se sache.

Il est donc parfaitement clair que vous n'avez rien à redouter de ce côté, cher petit contribuable fauché.

Certains jeunes pères monstrueux s'attendaient sans doute à trouver ici quelques conseils ignobles. Ils espéraient apprendre comment on peut s'arranger pour égarer volontairement son gosse. Eh bien les voilà déçus. Nous ne mangeons pas de ce pain-là. Nous ne nous appelons pas Charles Perrault, nous n'écrivons pas des contes révoltants et dégueulasses. Nous ne sommes pas des salauds, nom de Dieu !

Qu'on se le dise.

Chapitre 30

QUE FAIRE DE BÉBÉ PENDANT QUE VOUS ÊTES AU BUREAU ?

Le Seigneur, dans Sa grande sagesse, a prescrit une période de rodage de trois ans entre l'instant béni de la naissance de votre rejeton et la date non moins bénie de son inscription en maternelle. Trois années durant lesquelles le cher bambin vous reste sur les bras et durant lesquelles il faut bien l'occuper.

Certains jeunes pères inconscients estiment que cette question n'est pas de leur ressort et que, tant que le moutard est lavé, repu et souriant à l'heure où ils rentrent du boulot, tout va pour le mieux dans le meilleur des mondes. Grave erreur.

Grave erreur en effet, car c'est durant ces trois années que bébé forge sa personnalité, sans l'apport bénéfique et rassurant de votre formidable influence. Deux tueurs en série sur trois, rappelons-le, avaient des pères qui passaient leur journée au bureau.

On comprend mieux dès lors le poids de cette question cruciale : que faire de bébé pendant que vous travaillez ?

L'immense majorité des jeunes pères a choisi l'une de ces trois solutions : crèche, maman ou grands-parents.

En ignorant parfois hélas toutes les conséquences de leur choix…

CHOIX N° 1 : LA CRÈCHE

Précisons d'emblée que cette option ne s'improvise pas. Contrairement au Petit Jésus, qui trouva facilement une place en crèche (de surcroît au moment de Noël, en plein milieu de saison), le moutard de base – c'est-à-dire le vôtre – n'obtient le privilège d'être parqué de neuf heures à cinq heures dans ces hospices à bébés que s'il y a été inscrit un an au moins avant sa naissance. Ce qui est tout de même assez tôt.

Mode d'emploi

- S'acquitter d'une redevance exorbitante.
- Amener le bambin jusqu'à la crèche.
- Attendre l'heure d'ouverture.
- Débarrasser le bambin de son manteau et le conduire jusqu'à la salle de jeux, remplie de bambins hurlants et d'auxiliaires de puériculture aux yeux hagards.
- S'éclipser discrètement pendant que bébé regarde ailleurs.
- Foncer au boulot en essayant de ne pas arriver en retard.

Variante recommandée

- Confier à madame le soin d'amener l'enfant à la crèche.

Avantages

• Le bambin est pris en charge durant toute la journée, sans que vous ayez à vous en soucier.

• Au contact des autres gniards, bébé s'endurcit à la rude école de la vie et apprend un tas de trucs épatants : aller sur le pot, manger à la cuillère, dire des gros mots…

• Votre femme peut continuer à bosser, donc à ramener du fric à la maison. Presque de quoi payer la crèche.

Inconvénients

• Vous ignorez totalement ce qui arrive à bébé durant la journée. Enferment-ils les moutards dans d'étroits placards dès que les jeunes pères ont vidé les lieux, ainsi que certaines rumeurs le laissent entendre ? Les accrochent-ils en rang d'oignons à des portemanteaux ? Les confient-ils à des savants fous pour leurs expériences ? Les nourrissent-ils de déchets de boucherie ? Leur enseignent-ils les bases de la dianoétique, du communisme ou de l'amour libre ? Qui peut le savoir[1] ?…

• Si votre bambin souffre d'une maladie contagieuse – qu'il aura, ironie du sort, justement contractée à la crèche –, l'accès de cette même crèche lui sera interdit. On croit rêver !

• Vous aurez à subir de touchants comptes rendus de sa journée, curieusement énoncés à la première personne du pluriel par les auxiliaires de puériculture aux yeux hagards, quand vous viendrez le rechercher :

1. Reprenons le cas du Petit Jésus, cité plus haut. Son séjour en crèche ne lui a-t-il pas donné de drôles d'idées ?

« Nous n'avons pas été très sage, aujourd'hui », « Nous avons eu une petite diarrhée », etc. Ne vous y trompez pas. La jeune femme qui vous dresse invariablement ces sombres rapports ne parle que de votre enfant, non d'elle-même. Inutile, donc, de lui prescrire de l'Imodium ou de la gronder si elle n'a pas été sage.

Ce qu'il ne faut pas faire

• Claquer les fesses des auxiliaires de puériculture aux yeux hagards.

• Se tromper de bambin en revenant le chercher, après une harassante journée de travail.

Choix n° 2 : maman

L'extravagante durée du congé maternité incite parfois certaines jeunes mères à reporter à Pâques ou à la Trinité leur retour au boulot, sous le prétexte de s'occuper elles-mêmes de leur enfant, ce qui, somme toute, est assez naturel. Observe-t-on dans les savanes des haltes-garderies pour lionceaux, éléphanteaux, zébreaux et autres petits macaques ? Non pas.

Mode d'emploi

• Laisser le bambin à sa mère.

• Revenir le soir, quelques minutes avant qu'il aille au dodo.

Variante recommandée

• Revenir *après* qu'il est allé au dodo.

Avantages

• Comme nous venons de le voir, le mode d'emploi de cette option est assez simple.

• Il est inutile de conduire le bambin à la crèche ou d'aller l'y chercher.

• Il ne risque pas d'attraper de saloperies, du moins pas d'autres que celles que vous lui communiquerez vous-même.

Inconvénients

• Vous devez travailler d'arrache-pied pour pourvoir seul aux besoins démesurés de votre famille.

• Votre bambin, toujours fourré dans les jupes de sa mère, n'est pas forgé à la dure école de la vie. Il deviendra fonctionnaire.

• Votre femme tourne en rond entre les biberons, les dodos et les couches. Elle s'embête, sort et prend un amant. Il lui fait un nouveau bébé, ce qui n'arrange rien.

Ce qu'il ne faut pas faire

• Parler outre mesure à votre femme de vos exaltantes journées de travail et des gens merveilleux que vous rencontrez chaque jour, comme la petite de la compta (celle avec les seins).

• Laisser entendre dans vos propos acerbes que vous la soupçonnez de passer ses journées à dormir et à manger des gâteaux.

Choix n° 3 : les grands-parents

Certains jeunes pères inconscients ou trop peu prévoyants pour avoir réservé une place à la crèche ont recours à cette option catastrophe. On les voit au petit matin, un pâle sourire aux lèvres, serrant contre eux le bambin qu'ils vont devoir confier à leur propre mère – voire à leur belle-mère ! – en tentant de se persuader que tout se passera bien. Ils se trompent. Avec les grands-parents, rien ne se passe jamais bien.

Mode d'emploi

- Conduire le bambin chez ses grands-parents.
- Garder en permanence un œil sur son portable.
- Revenir chercher l'enfant d'urgence au moindre appel. Car papy et mamy sont de sacrés empotés.

Avantage

- Ça ne coûte pas un rond.

Inconvénients

- Votre bébé prend un kilo à chaque visite.
- La plus petite écorchure, la moindre rougeur causera une panique totale.
- Votre bambin sera abreuvé, enduit, patafiolé de remèdes des années 50, aux couleurs vives et à l'efficacité douteuse.
- La moindre remarque à papy et mamy vous vaudra invariablement la réponse suivante : « Je t'ai élevé comme ça, tu n'en es pas mort ! »

Ce qu'il ne faut pas faire

- Perdre son calme.
- Perdre son portable.

Tout cela n'est pas bien gai, convenons-en.

C'est sans doute la raison pour laquelle certains jeunes pères s'aventurent hors des sentiers battus et choisissent…

Les autres options

Le père au foyer. Arrêt total de toute activité professionnelle, jusqu'à la majorité du bambin. Avantages multiples, mais mêmes inconvénients que la mère au foyer (voir plus haut), auxquels s'ajoutent les sarcasmes des autres pères, des mamans au square et des commerçants du quartier. Les mots « grosse feignasse », « l'autre con », « bon à que dalle » fleuriront sur votre passage.

La crèche alternative. Une bande de mères allumées décident de s'unir pour garder leurs mômes à tour de rôle. Très vite, c'est l'engueulade. Les pères qui tentent de s'en mêler sont traités de machos et se prennent des baffes. Des cris fusent de partout. Les enfants hurlent. C'est moche.

La nourrice. Contrairement à vos légitimes attentes, elle n'est plus cette jeune personne à la poitrine gonflée de lait que vous espériez, monsieur. Posée comme un sac devant votre télé, la nourrice d'aujourd'hui ne nourrit plus qu'elle-même, en se gavant de vos provisions. Pendant ce temps-là, votre enfant erre dans l'appartement, le nez morveux et la couche débordante. Plus tard, il sera fonctionnaire.

L'option zéro. Bébé se garde tout seul. Avantages certains (il apprend à ne compter que sur lui-même), mais risque d'inconvénients majeurs à ne pas négliger (chute du cinquième étage, prison pour papa).

Le commissariat. Bébé est laissé subrepticement dans son couffin devant l'entrée d'un poste de police. Le soir, on revient le chercher en manifestant tous les signes extérieurs de la plus totale angoisse, et en pleurant de joie lorsqu'on le retrouve. Certains avantages, bien sûr, mais de nombreux inconvénients – paperasserie administrative, interrogatoires musclés, difficulté de renouveler le coup à l'infini (même avec des gendarmes), etc.

Les bohémiens. Bébé est confié à une mendiante rom dans le métro, à laquelle on propose en échange un jeu de faux papiers. Une vingtaine d'années plus tard, bébé est devenu le prince des Tziganes et chante au Châtelet en s'accompagnant d'une guitare. On le reconnaîtra grâce à une tache de naissance sur l'épaule droite. Risques de complications à craindre toutefois, si la jeune mère n'est pas au courant.

Chapitre 31

INCISIVES, PRÉMOLAIRES ET COMPAGNIE

Lorsque bébé a passé le cap du sixième ou du septième mois, on commence à parler des dents. Car bébé va avoir des dents. C'est obligé. S'il n'en avait pas, comment s'y prendrait-on plus tard pour lui coller un appareil dentaire ? Comment se rongerait-il les ongles ?

Peut-on prévoir l'imminence d'une éruption dentaire ? Y a-t-il des signes avant-coureurs ? Les bonnes femmes affirment que oui. Mais pour elles, tout est bon. Une diarrhée ? Les dents. Les fesses rouges ? Les dents. Des cris, des pleurs ? Les dents, vous disent-elles. Un accès de fièvre ? Encore les dents. Un tremblement de terre en Chine ? Toujours les dents !

Évidemment, ce n'est guère sérieux. On voit mal surtout le rapport qui pourrait exister entre des fesses rouges et les dents, abstraction faite du cas rarissime, mais terriblement douloureux, où les secondes viendraient se planter dans les premières.

Pour le reste, ce ne sont là que balivernes et propos de poivrotes. (Si ce sont également les propos de votre belle-mère, nous retirons bien volontiers le mot « poivrotes ».)

Il est bien certain toutefois que bébé n'est pas ravi de ce qui lui arrive. Il est grognon, bougon et furibond, comme un agent de la SNCF. Il jette des regards amers et dépourvus d'aménité sur ceux qui l'entourent, il souffre, il s'impatiente, il se propulse tel un jeune squale sur tout ce qui passe à sa portée et il mordille n'importe quoi, intensément, avec une frénésie effrayante. Il s'en prend même à la main qui le nourrit ! C'est dire son état d'égarement.

Enfin, en général avant la fin du huitième mois, deux premiers morceaux d'émail percent, après avoir péniblement tracé leur voie vers l'air libre : ce sont les incisives inférieures.

Inutile de vous le cacher : vous allez être choqué, voire un peu déboussolé par la nouveauté de la chose. En fait, vous étiez très habitué aux gencives nues et roses de l'enfant, à son sympathique sourire édenté, pareil au Malabar de votre jeunesse. Le surgissement des deux machins va vous cueillir à froid. Vous allez les juger incongrus dans le décor, vous allez même avoir le sentiment qu'ils gâchent un peu le tableau. Tout cela est parfaitement normal.

Ces incisives flambant neuves sont d'un blanc agressif, sans concession. De plus, elles vous semblent énormes et démesurées. Ne cherchez plus, c'est la principale raison du malaise. Sachez donc, cher lecteur, que tout va s'arranger avec le temps.

D'abord, la tête du petit être va grossir, surtout s'il réussit les concours d'entrée aux grandes écoles. Ensuite, ses dents vont diminuer de taille, suite à une série d'événements inévitables tels que chute sur béton, heurt contre rebord de fenêtre, jouet métallique lancé dans la figure par un camarade, etc.

Mais ces quenottes brisées, rompues, épointées, n'est-ce pas un nouveau drame en perspective ?

Nullement. La nature a bien fait les choses, rassurez-vous, et cette première denture sacrifiée – les dents de lait, comme on dit chez Candia – sera plus tard intégralement remplacée. Et gratuitement, ce qui mérite quand même d'être signalé. Car en matière dentaire, les gars, rien n'est gratuit. Oh non.

Observons néanmoins que si la nature était réellement bonne fille, une troisième donne aurait été programmée sur le coup de vingt-quatre ou vingt-cinq ans, car les années qui précèdent ce seuil forment une autre grande période de casse dentaire, très riche en incidents regrettables : accidents de scooter, pavé dans la gueule, tir tendu de grenade lacrymogène, deltaplane en vrille, explosion d'usines à gaz et *tutti quanti*. Quoi qu'il en soit, gardons-nous de regimber, il faut bien faire avec ce qu'on a.

Aux abords du neuvième mois, les incisives supérieures doivent à leur tour s'extraire des profondeurs maxillaires du bambin. Celui-ci est alors capable de mordre. Déjà. S'il vous cisaille un doigt, ne vous affolez pas : LA MORSURE DE BÉBÉ N'EST PAS VENIMEUSE.

Sauf bien sûr s'il s'agit d'un bébé crotale.

Entre le douzième et le quinzième mois poussent les deux incisives latérales inférieures, deux prémolaires inférieures et deux prémolaires supérieures, puis à partir du seizième mois viennent les canines inférieures et supérieures. Nous en voyons qui dorment, au fond. D'accord, il eût été plus pédagogique de placer ici un schéma, mais il n'en est pas question. Ce serait beaucoup trop cher. Où irions-nous, n'est-ce pas, si dans un livre au budget aussi serré on commençait à fourrer des schémas partout ? Il vaut mieux garder cet argent pour l'orthodontiste.

Tout ce que nous pouvons faire – et c'est déjà pas mal –, c'est procéder pour vous à un petit rappel de connaissances, vite fait bien fait :

Les INCISIVES sont les dents qui servent à inciser.

Les MOLAIRES sont les dents qui servent à mollarder.

Les CANINES sont les dents qui servent à faire « ouah, ouah ! ». Chez les bêtes, ça s'appelle les crocs.

Notons au passage – sans nous énerver – que rien n'a été prévu pour tarauder, abraser, arracher, moudre ou concasser. Qu'est-ce que vous voulez qu'on vous dise ? C'est mal foutu et c'est marre ! On va pas y passer la nuit.

Pour en revenir aux canines supérieures, précisons bien qu'elles ne doivent apparaître qu'entre le vingtième et le vingt-deuxième mois. Supposons maintenant qu'elles apparaissent avant. Nettement avant. Supposons qu'elles percent les gencives de l'enfant avant toutes les autres dents. Que serait-ce à dire ? Y aurait-il lieu de s'en faire ?

Absolument. Ce serait très grave. Un tel symptôme est toujours annonciateur d'une catastrophe abominable. Au cas où vous y seriez confronté, monsieur, n'hésitez pas : menez votre enquête à l'américaine, questionnez votre femme sans aucun ménagement. Et s'il s'avère qu'elle est originaire d'un trou paumé des Carpates, alors le doute n'est plus possible : vous avez épousé la fille de Dracula !

Garnissez sans attendre l'appartement de têtes d'ail, constituez un stock d'eau bénite, offrez-vous une croix modèle XXL et évitez de vous ronger les sangs, d'autres vont le faire pour vous. De toute façon, dans votre situation, les choses ne peuvent qu'aller de pire en pire.

Et même de vampire en vampire.

Chapitre 32

BRUITS DE BOUCHE

L'AVERTISSEMENT DU DR HERMANN PAULL

Bien des enfants nés sains décèdent parce que leur alimentation est irrationnelle et fausse. C'est tout particulièrement dans les grandes villes que les troubles alimentaires se révèlent comme les ennemis premiers des nourrissons.

LE PETIT BÉMOL DES AUTEURS

Le cassoulet toulousain (et Toulouse est une grande ville) n'est pas une «alimentation irrationnelle et fausse», Hermann. On ne peut pas en dire autant de ta choucroute, Helmut.

Si la nature a généreusement octroyé des dents à bébé, ce n'est pas seulement pour qu'il puisse vous mordre. C'est aussi le signe que le jeune organisme peut maintenant passer de l'alimentation purement lactée à une autre nourriture. Et déjà vous pavoisez. Vous vous dites que les seins de votre femme ne vont plus servir de cantine et qu'on pourra peut-être en sauver quelque chose, ou bien que le moment est enfin arrivé de ranger les damnés biberons, ou même de les casser en riant, dans une sorte de danse vengeresse à la Sioux qui serait aussi un magnifique chant d'espoir et de délivrance.

Certaines personnes prétendument bien informées ne manqueront pas de vous conforter dans votre allégresse.

L'étape est franchie, vous dira-t-on en vous tapant dans le dos. À présent, il va manger comme vous et moi. Quel soulagement !

D'accord. Bien sûr. On peut effectivement voir la situation sous cet angle. Il n'empêche que les faits vont rapidement se charger de tempérer votre enthousiasme. De quoi l'enfant a-t-il exactement besoin, rien que pour survivre quelques heures ? Le bilan est lourd. L'enfant a besoin :

– d'eau,
– de protéines,
– de graisses,
– d'hydrates de carbone,
– de sels minéraux,
– de vitamines,
– d'oligoéléments.

Excusez du peu. Or, il se trouve que toutes ces substances étaient justement réunies dans le lait maternel, ainsi que dans le lait vachernel[1]. Désormais, il va falloir courir les chercher à droite et à gauche, dans les comestibles les plus disparates et les moins faits pour plaire : cervelle, mélasse, citron, foie de veau, racines, petit pot merlan-melon vert et tout ce que vous voudrez.

Peut-on réellement parler d'un progrès ?

Ne nous illusionnons pas : le petit être va peut-être manger les mêmes aliments que tout le monde, mais il

1. L'emploi de l'adjectif « vachernel » risque de ne pas être admis par tous. On aura toutefois compris qu'il s'agit de qualifier ici le lait bovidesque.

ne s'y prendra pas comme tout le monde. Loin de là. Qu'on ne l'imagine pas pliant son journal et attaquant tout d'un bloc son jambon au madère, après s'être noué lui-même sa serviette à carreaux autour du cou. Non vraiment, qu'on n'imagine pas ça. Surtout pas. Pour qu'il daigne honorer la cuisine familiale, il va falloir tout lui passer à la moulinette, systématiquement, son petit tournedos, son petit filet de sole, sa petite tranche de jambon, ses petits légumes, sa petite côte première. Tout réduire en pâte. En purée. Une vraie misère.

Encore une fois, cher lecteur, nous ne saurions trop vous conseiller de vous effacer devant votre épouse et de la laisser œuvrer pour le bien commun. Seule une ménagère aguerrie, rompue au feu des fourneaux, endurcie au maniement des hachoirs pourra se tirer avec sang-froid d'une affaire pareille. Quand vous la verrez dressée dans la cuisine, magnifique, semblable à ces ouvrières qui luttaient encore sur les décombres de l'usine Octobre rouge, à Stalingrad, vous serez fier d'elle. Et vous n'hésiterez plus à lui prodiguer quelques mots d'encouragement. Elle en est si friande !

Le vrai drame, au fond, c'est que BÉBÉ MANGE COMME UN PORC. Il a tout l'air d'un gars – ou d'une fille – qui n'aurait pas encore bien saisi comment on se sert de sa langue. À première vue, pour autant qu'on puisse en juger de l'extérieur, cet appendice lui sert autant à repousser les aliments qu'à les savourer. Il souffle et crache sur la cuillère, il remue énormément, il s'en colle partout, il en colle partout, il VOUS en colle partout si vous avez le malheur de traverser sa ligne de tir. Quand le bambin est en phase alimentation, on veillera à ne jamais s'approcher à moins de cinq mètres.

Naturellement, on aura recours aux solides bavoirs en plastique du commerce. On s'efforcera aussi d'envelopper l'affamé dans un drap ou dans une bâche imperméable, le mieux étant bien sûr de pouvoir le nourrir en plein air, au milieu d'un terrain vague par exemple.

Existe-t-il alors un moyen d'alléger la corvée des repas, ou tout au moins leur préparation ? Affirmatif. Il y a ce qu'on appelle les petits pots, en vente dans les pharmacies, les grandes surfaces et même chez l'Arabe du coin qui reste ouvert le dimanche. Ce sont de pâteux mélanges de viande et de légumes, déjà malaxés, tout prêts à être recrachés. Bœuf-haricots verts, agneau-carottes, poulet-salsifis, pécari-fèves. Ou encore pois chiches-merguez (chez l'Arabe qui reste ouvert le dimanche). Il suffit de les réchauffer une dizaine de minutes. C'est épatant. Nous vous les recommandons vivement. L'unique inconvénient, c'est que le contenu de ces petits pots est immangeable. Même l'enfant refuse d'y toucher, c'est dire ! Et pourtant, il n'est vraiment pas difficile !

Reste à opter pour une solution jeune. Où trouve-t-on aujourd'hui le repas complet, moderne, compact, capable de remplacer le lait maternel ? Chez McDo, mais oui ! Un Big-Mac soigneusement broyé, mouliné, mouillé d'une rasade de Coca et d'un petit décilitre de ketchup, voilà ce qui s'impose. Comme d'habitude, les diététiciens vont pousser les hauts cris, mais vous voulez qu'on vous dise ? LES DIÉTÉTICIENS SONT TOUS DES ENFOIRÉS !

Tout bien pesé, si l'on essaie de résumer ce que sont les goûts de bébé, on ne retiendra que trois critères. Le petit être apprécie :

– ce qui n'a pas trop de saveur,
– ce qui est joyeusement coloré,
– ce qui est susceptible de couler, de gicler ou de se renverser.

Partant de là et pour vous éviter toute perte de temps, voici une brève liste des denrées que vous ne réussirez jamais à lui faire avaler :

– épinards,
– épinettes,
– pinard,
– manioc pilé,
– verre pilé,
– graines de sésame,
– céramique industrielle,
– beignets de tête de veau,
– croûte normande,
– chair de poule.

Un mot pour finir au sujet des enfants qui ne mangent rien. Il paraît que ça existe. Ils restent figés devant leur assiette, l'air horrifié, ils pleurent à chaudes larmes. On sent parfaitement que, s'ils savaient parler, ils appelleraient au secours. Si le vôtre se comporte de cette façon, qu'en conclure ? Pourquoi fichtre refuse-t-il de se nourrir ? L'éventualité d'une grève de la faim à caractère revendicatif étant à exclure pour l'instant, trois éventualités demeurent :

1. Le petit être est un ascète. (Madame ne serait-elle pas elle-même une grande mystique ?)
2. On ne lui sert que des petits pots. (Madame ne serait-elle pas une grande feignasse ?)
3. On ne lui sert que des plats répugnants. (Madame ne serait-elle pas une cuisinière exécrable ?)

Quoi qu'il en soit, on n'a jamais vu un bébé se laisser mourir de faim. Pour ce qui est du vôtre, ne vous tracassez pas : il mangera toujours suffisamment pour vomir sur vos sièges de voiture.

LE BON VIEUX TRUC DU DR HERMANN PAULL

L'huile de foie de flétan a une valeur exceptionnelle pour les petits enfants.

LA VIEILLE QUESTION DES AUTEURS

Où peut-on attraper un foie de flétan ?

Notes pratiques

Pour plus de renseignements, le lecteur se reportera utilement aux ouvrages mentionnés ci-dessous :
De la bouillie lactée au fromage de tête sauce gribiche, essai de gastronomie appliquée au premier âge, par Marcelle Chopard, Édition du Graillon, 2010.
Mangeront-ils ? de Victor Hugo, La Pléiade, Gallimard.
Marche ou crève, de Leonid Bratzswovz, Paris, 1954.

FILMOGRAPHIE

Les 39 Marches (Grande-Bretagne, 1935, 86 min, suspense)
Un film d'Alfred Hitchcock avec Madeleine Carroll et Robert Donat.
Un enfant âgé de dix-huit mois apprend à marcher. Non sans mal.
Dent pour dent (États-Unis, 1981, 105 min, aventure)
Un film de Steve Carver avec Chuck Norris, Christopher Lee et Bernard Kouchner.
Un policier alcoolique traque un bébé mordeur. Non sans mal.
Les Dents de ta mère (Suisse, 2007, 86 min, drame psychologique)
Un film de Paolo Swerck avec Edmond Zoublanski et Romuald N'Bongo.
Le calife de Bagdad repousse une invasion mongole. Non sans mal.

CINQUIÈME PARTIE

DE DIX-HUIT À TRENTE MOIS

Toutes les trente secondes, quelque part dans le monde,
un enfant est placé sur le pot[1].

DR PETIOT

1. Il faut le trouver d'urgence et lui donner du riz.

En y réfléchissant bien, qu'est-ce qui différencie l'homme du singe, sinon le langage (et les poils sur le front, mais nous nous écartons du sujet) ? Qu'est-ce qui a fait de cette créature rose et molle le roi de la Création, sinon le langage (et le Smith & Wesson 38 spécial, mais nous continuons à nous écarter du sujet) ? Qu'est-ce qui, enfin, différencie le bébé de l'enfant ? Le langage ? Oui, le langage. Parfaitement.

Entre dix-huit et trente mois, c'est-à-dire en l'espace d'un an, bébé apprend à s'exprimer autrement que par des cris effroyables.

Attendri et peut-être aussi un peu nostalgique, vous réalisez peu à peu qu'une page se tourne, que rien ne sera plus comme avant, que votre moutard ne va pas tarder à vous balancer des vannes et à tchatter sur le Web. C'est la loi de la vie.

Tout a commencé il y a quelques mois, presque par hasard.

Entre deux gazouillis, bébé a clairement articulé sa première syllabe, qu'il a très vite appris à doubler pour former ses premiers mots : « papa », « dodo », voire « maman ». Mais en était-il vraiment conscient ? Quelque part, interpellait-il véritablement un concept défini ou ne faisait-il que gazouiller, tel l'oiseau stupide au regard inquiet ?

Jusqu'à présent, vous penchiez plutôt pour la deuxième option. Bien sûr, vous étiez enchanté de l'entendre vous appeler « papa » (et votre charmante épouse l'était tout autant quand, par hasard, le bambin l'appelait « maman »), mais comme il donnait également ce nom à sa bouillie, à son nounours et à tous vos copains, vous en étiez arrivé à la conclusion désabusée que votre bambin n'était pas un surdoué et qu'il vous faudrait encore attendre un peu pour tenir avec lui une conversation sérieuse sur le PSG.

Et puis les choses ont changé.

Non seulement vous êtes le seul individu qu'il appelle désormais « papa », mais chaque jour qui passe voit s'enrichir son vocabulaire. Sous vos yeux effarés, bébé devient intelligent.

C'est le moment de réagir. Laissé à lui-même durant cette période critique – ou laissé aux mains de votre épouse, ce qui ne serait pas mieux, pardonnez-nous de vous le dire –, bébé aborderait la vie sans le moindre sens moral, la moindre notion d'éducation, la plus petite trace de politesse. Plus que jamais, prenez les choses en main, cher monsieur. Dites-vous bien qu'il y a deux catégories d'hommes sur cette terre. Ceux qui disent : « Casse-toi pauv' con » et ceux qui leur répondent : « Bien entendu, cher ami, je vous prie de m'excuser. » Les malotrus et les gens du monde.

Tout se joue maintenant, là, tout de suite, durant cette étape cruciale du développement de votre bambin. À quelle catégorie susnommée appartiendra-t-il ? Tout dépend de l'éducation que vous lui donnerez.

C'est à vous de voir.

Chapitre 33

VERS UN DIALOGUE CONSTRUCTIF

Coup de tonnerre sous le toit familial, nouvelle et fantastique révolution : bébé parle ! Mais oui ! Ou s'il ne parle pas encore, il va s'y mettre incessamment. Fatigué de pleurer, de crier, de vagir, de gazouiller comme une andouille, écœuré des « areu-areu » et des « ba-ga-da-babeu », las de babiller et de répéter des syllabes sans queue ni tête, le petit être a finalement décidé d'opter pour un mode de communication correct. Il était temps.

Les ouvrages consacrés à la prime enfance font d'ordinaire une large place à ce phénomène, qui s'y trouve étudié, analysé, disséqué à longueur de pages. On se penche avec fièvre sur les mystérieux cheminements qui vont conduire à *l'acquisition des structures langagières*, on s'interroge, on affirme, on évoque de sévères concepts, on en appelle, pour mieux s'expliquer, aux lumières vacillantes du freudisme, de la sémantique et de l'anthropologie comparative, bref, on emmerde le monde. Et pour pas grand-chose. Qu'est-ce que ça peut bien faire de savoir pourquoi le gamin va parler ? Tout ce qu'on demande, c'est qu'il soit poli.

Et c'est là que vous intervenez, ami lecteur. Vous-même. En personne. Ce n'est pas une blague. Apprenez que, par votre seule attitude, vous pouvez aider votre enfant à parler vite et bien ! C'est d'abord une question d'ambiance générale, d'amour, de chaleur, d'intensité des échanges. Imaginons un instant le gosse né chez des Siciliens taciturnes et fiers, du genre qui n'ouvrent jamais la bouche sous peine des plus sanglantes représailles ; on conçoit volontiers que ce gosse-là n'est pas près d'en décoincer une. De même pour celui qui grandit au sein d'un de ces foyers pittoresques où toute discussion se résume aux ordres brefs aboyés par un père alcoolique à l'adresse d'une épouse silencieuse et terrorisée. De même encore pour le malheureux bambin élevé dans un monastère de trappistes. Toutes ces atmosphères, pour respectables qu'elles soient, n'en sont pas moins très peu propices au développement de la parole.

En vérité, la règle est à la fois simple et logique : PLUS VOUS PARLEREZ À BÉBÉ, PLUS IL PARLERA LUI-MÊME. Il s'agira de lui nommer posément les choses, en articulant bien et en s'efforçant de ranger tout accent ridicule au vestiaire, de lui expliquer avec patience et force phrases ses propres actions, ses propres comportements. Cet apprentissage en douceur devra se faire en toute occasion, au gré des menus – et nombreux – incidents de la vie de tous les jours.

Trois exemples :

1. Bébé essaie de se saisir d'un petit pot de purée de carottes qu'il a manifestement l'intention de jeter par terre. Ne vous contentez pas de le lui donner en lui disant seulement : « Tiens. » Ce serait pauvre, il n'apprendrait rien. Dites lui : « Veux-tu le petit pot de carottes pour le jeter par terre ? Je vais te le donner. Tiens, tu attrapes le petit pot de carottes et voilà, bravo, tu l'as jeté par terre ! »

2. Bébé tombe. Dites : « Tu n'avais pas vu la marche ? Il y avait pourtant une marche. Allons, ne pleure pas. Je vais t'emmener aux urgences d'Ambroise-Paré pour qu'on te fasse cinq ou six points de suture. » C'est nettement mieux que si vous aviez simplement dit : « Et merde ! »
3. Bébé vous agace un tantinet. Dites : « Veux-tu ma main dans la gueule ? Je vais te la donner. Tiens, tu te prends ma main dans la gueule. » C'est beaucoup plus pédagogique que si vous lui aviez platement lancé : « Prends ça ! »

Vous avez maintenant compris, cher lecteur, l'immense rôle d'assistance que vous devez jouer auprès de bébé. N'oubliez jamais : comme disait l'oncle Helmut, VOUS AVEZ LES MOYENS DE LE FAIRE PARLER.

Mais ne vous attendez tout de même pas à des miracles de sa part. Il ne balbutiera que quinze ou vingt mots à l'âge de dix-huit mois et une soixantaine tout au plus à dix-huit ans. Encore ne s'en servira-t-il que pour vous tenir des propos prosaïques et d'une banalité déprimante, sans la moindre recherche de style. L'imparfait du subjonctif, les subtilités de la syntaxe, les grandes envolées lyriques, les métaphores fleuries, c'est pour plus tard. Sauf si votre enfant est un surdoué, bien sûr, mais franchement, sans vouloir vous vexer, cela nous épaterait quand même pas mal.

Comment en avoir le cœur net ? C'est très facile. Si, entre vingt et trente mois :

- il s'adresse à vous indifféremment en portugais, birman ou swahili,
- il réfute par écrit les thèses de Leibniz sur la logique aristotélicienne,
- il vous conseille pour vos placements financiers,
- il envisage calmement de réclamer son émancipation légale auprès des autorités compétentes,

alors oui, effectivement, vous êtes peut-être le père d'un surdoué. Sincèrement, c'est étonnant. On ne sait plus trop quoi vous dire. Et il fallait que ça tombe sur vous ! Ah, là, là ! Allez, nous, faut qu'on continue, de toute façon. Alors salut. Ciao ! Bye-bye ! Et bonne chance !

Revenons à vous, lecteur ami, vous dont le môme est aussi couillon que ceux des autres et qui vous en félicitez à juste titre. Sachez que, dans un premier temps, cet admirable poupon aura systématiquement recours au « mot-phrase ». Un seul mot pour exprimer toute une phrase, on ne fait pas plus économique. S'il dit : « Gâteau », il faudra comprendre : « Papa, donne-moi le gâteau qui est dans le placard, s'il te plaît. » Ingénieux, non ?

Et trois exemples encore :

1. S'il vous dit : « Caca », comprenez : « Père, votre ignoble cravate à rayures jure cruellement avec votre prince-de-galles. Quand cesserez-vous donc de vous vêtir comme un pitre, vieux guignol ? »

2. S'il vous dit : « Panpan », comprenez : « Échange de coups de feu à l'angle du boulevard Junot et de la place Blanche. Réclame d'urgence fourgon de secours. »
3. S'il vous dit : « Police ! », comprenez : « Pas d'affolement, ce n'est qu'un contrôle de routine. Restez où vous êtes et sortez tous vos papiers d'identité. »

Après le stade du mot-phrase viendront les premières associations de deux ou trois mots, des choses du style : « Papa parti », « Moi Tarzan », « Homme blanc bon », « Œil-de-faucon a vu coyote à foie jaune », etc. Entre nous, n'encouragez pas le petit être à poursuivre dans cette voie. Abstenez-vous d'user avec lui d'un tel jargon réducteur et dégradant pour sa dignité humaine. Bébé n'est pas un gentil sauvage. BÉBÉ N'EST PAS UN PORTEUR ZOULOU EMBARQUÉ DE FORCE PAR JIM LA JUNGLE DANS UNE RAZZIA SUR UN CIMETIÈRE D'ÉLÉPHANTS.

À l'inverse, on évitera de lui parler un langage trop précieux, trop recherché, qui risquerait de lui passer au-dessus de la cafetière. Là encore, la règle est simple : DE DEUX MOTS, ON CHOISIRA LE MOINDRE.

Ce qu'il faut bien saisir en fin de compte, jeune père spontané, c'est qu'en forgeant sa propre éloquence l'enfant va largement s'inspirer de la vôtre. Il va imiter votre voix, vos intonations, il va puiser sans vergogne dans votre petit fonds de vocabulaire et vous retrouverez toutes vos expressions dans sa bouche, y compris et surtout les plus radicalement grossières. D'où l'impérieuse nécessité qu'il va désormais y avoir à surveiller ce que vous direz en sa présence, et la façon dont vous le direz. Tenez-vous à ce qu'il aille répéter des horreurs à travers le quartier ? Voulez-vous qu'il lance un désastreux « Je t'emmerde ! » à la directrice de la crèche ? Qu'il épouvante ses grand-mères avec des « Ta gueule ! » révoltants ?

Qu'il attire sur vous les foudres de la force publique en traitant un gardien de la paix de « Connard » ? Non, bien sûr, vous ne le voulez pas, et c'est encore heureux !

Il va donc être question de tempérer vos propos, cher monsieur, et de mettre une sacrée sourdine à votre bagout légendaire. Les quelques phrases qui suivent devraient vous y aider. Tirées de situations très quotidiennes, elles ont été spécialement adaptées pour les oreilles enfantines.

NE DITES PLUS :	DITES :
– Qu'est-ce qui pue comme ça, bordel ? On dirait qu'une vache a chié dans le salon !	– Chérie, verrais-tu un inconvénient à ce que j'ouvrisse un moment la fenêtre ?
– Et moi je te dis que tu t'y prends comme une foireuse, une merdique, une dégueulasse !	– Pour être franc, Alexandra, je ne partage pas toutes tes conceptions pédagogiques. Mais elles sont intéressantes.
– Hé toi ! Si je te revois zoner dans le couloir, je te jure que je t'éclate la tronche !	– Retourne vite te coucher, mon bébé. Et si tu te relèves encore une fois, attention à la fessée !
– Karine, v'là les poulets qui rappliquent ! Je me barre par le toit du hangar !	– Je m'absente un instant, mon ange. Si on me demande, tu n'as qu'à noter les messages.
– Oh, nom de Dieu, je me suis encore viandé la tronche sur cette putain de boîte de Lego de merde ! J'en ai ras le bol !	– N'y a-t-il vraiment rien à faire pour que les jouets de la petite ne traînent plus dans le passage ? C'est réellement insensé, à la fin.
– C'est pas vrai ! Un costard à 1 000 euros complètement foutu !	– Y a-t-il un moyen quelconque de faire disparaître une très grosse tache de cervelle-carottes, Lucienne ?
– Tu vas au coiffeur, Jessica ?	– Vas-tu chez le coupe-tifs, ma grande ?

Si, en dépit de nos excellents conseils, bébé s'obstine à ne pas parler à trente mois, alors c'est qu'il n'a rien à dire, mais qu'il n'en pense pas moins. Certainement. Ou bien c'est qu'il est muet, ou peut-être même sourd comme un pot, allez savoir !

Dites, vous ne croyez pas qu'il vaudrait vraiment mieux être sourd plutôt que d'entendre des conneries pareilles ?

Chapitre 34

AUTOUR DU POT

À partir de quel moment doit-on tenter d'apprendre la propreté à bébé ? Sérieuse question, sur laquelle les avis se partagent invariablement. De nombreux médecins affirment qu'on peut essayer dès l'âge de sept ou huit mois, mais c'est absolument inutile à en croire beaucoup de leurs collègues, et même néfaste selon une quantité d'autres. Certains, enfin, recommandent d'attendre dix-huit ans. L'âge de l'isoloir. Allez vous y retrouver !

Il semble que tout dépende en fait des disponibilités de chacun : plus les parents auront du temps à perdre et plus les enfants s'y mettront tôt, sans que cela n'accélère d'ailleurs en rien le mouvement naturel des choses. Pour ce qui nous concerne, nous avancerons seulement que c'est avant trente mois qu'il faut s'efforcer d'engager l'affaire, tant que l'enfant en est encore au fameux stade anal, c'est-à-dire tant qu'il s'enthousiasme pour son caca. Une fois passé cet âge limite, ses centres d'intérêt se diversifiant, il aura davantage de difficultés à se concentrer sur un sujet dont la futilité crapoteuse ne lui échappera plus.

Voilà pour l'aspect philosophique de la question – le plus simple.

Avant d'aller plus loin, précisons qu'un bébé propre n'est pas du tout le cher vieux type aux manières exquises qui met chaque matin un œillet frais à sa boutonnière, qui passe sa vie chez la manucure, qui sait se tenir à table, qui change de brosse à dents tous les deux mois et qui introduit de lui-même un semblant d'ordre dans sa chambre dévastée. Encore une fois, messieurs, ne rêvons pas ! On parle de propreté à propos d'un bambin lorsque celui-ci a tout bonnement cessé de faire dans sa culotte, ce qui – on en conviendra – constitue quand même un préalable élémentaire en matière de courtoisie française.

Venons-en au mode opératoire, et qu'il soit tout de suite bien clair que nous ne relancerons pas ici la vieille et détestable querelle du pot de terre contre le pot de fer. Si vous n'avez pas de pot, achetez-en un en plastique, comme tout le monde, et fermez-la, nom de Dieu !

Toute l'affaire va désormais consister à placer bébé sur le pot à l'instant précis où cette action lui sera le plus nécessaire. Comment déterminera-t-on cet instant précis ? Il n'y a aucun truc infaillible, hélas. On se déplace ici dans une de ces contrées encore mal explorées par le génie humain, dans l'une de ces *terra incognita* où le hasard demeure la seule loi véritable. Certains petits annoncent de façon nette que quelque chose est sur le point de se produire : ils deviennent rouges, ils se contorsionnent, ils se tiennent le ventre en trépignant, ils disent « popo ». Le message est limpide. Chez d'autres, au contraire, pas le moindre signe annonciateur d'un quelconque événement. Brusquement, la chose est arrivée, et voilà. C'est imparable.

Il y a là – on le sent – une injustice foncière, une inégalité des chances au départ qu'aucune mesure sociale ne pourra jamais compenser, une lâche et scandaleuse vilenie du destin. Mais c'est ainsi. Il ne servirait à rien de se rendre malade. Mais non. C'est la vie.

Tout de même, que peut-on faire ? Eh bien, le maximum, chacun dans son registre. Une telle situation, c'est évidemment la porte ouverte à toutes les improvisations, à toutes les expérimentations, à toutes les superstitions. Certains parents vont se livrer à des incantations magiques autour du pot, d'autres vont y asseoir l'enfant après chaque repas, comme si c'était le souverain remède, d'autres encore vont l'y laisser moisir indéfiniment, jusqu'à ce que le malheureux constipé se soit enfin conformé aux exigences de la civilisation. Fatalement, il y aura des cris, des pleurs, des déceptions violentes. Après être resté prostré sur sa chaise percée pendant des heures, bébé peut très bien se lever d'un coup pour se soulager sur la moquette pure laine. Ce n'est pas qu'il cherche délibérément à vous pousser à bout, mais il n'a rien compris. Il est crétin. C'est déprimant. C'est exaspérant.

Dans ces moments-là, vous vous demanderez pourquoi tant d'efforts, pourquoi tant de patience dilapidée, tant d'énergie gaspillée, et vous vous souviendrez en serrant les dents du fabuleux enjeu de la partie : plus de couches à acheter en cas de succès ! UN MAXIMUM DE THUNES ÉPARGNÉES !

Mettons-nous une minute à la place du bambin. Le pauvre n'a pas le meilleur rôle. Dans sa petite cervelle, où les neurones n'abondent pas, il lui faut établir le lien logique entre les besoins naturels qu'il doit satisfaire, le pot vers lequel on l'entraîne avec insistance, le bien-être qu'il éprouverait à garder ses fesses au sec s'il savait se retenir un peu, l'immense plaisir qu'il ferait aux siens en se conduisant enfin convenablement, plus quelques autres paramètres de moindre calibre mais pas piqués des hannetons non plus. Bref, c'est abominablement complexe. La relation avec la mère intervient en outre de façon pesante dans l'histoire, et tous les vieux instincts possibles et imaginables, et des tas de trucs complètement incompréhensibles que nous préférons vous épargner autant par souci de faire court que par charité chrétienne. Infortuné marmot. Le plus incroyable, au bout du compte, c'est qu'il finisse par réussir à faire là où il faut.

Car il y arrivera, cher lecteur. À deux ans et demi, à trois ans, à six, à dix, à dix-huit ans peut-être, mais il y arrivera. Mais si. Ce jour-là, montrez-lui que vous êtes extraordinairement content de son exploit. Félicitez-le, battez des mains, contemplez dévotement le contenu du pot, prenez des photos, invitez des amis, entonnez des chants grégoriens, des hymnes fracassants qui rouleront comme un tonnerre glorieux dans les abîmes azuréens des cieux, et pour l'éternité. Amen. Vous avez encore franchi une solide étape sur le chemin pentu de la paternité, sacré vieux cheval !

Pour la suite des opérations, n'oubliez pas de tendre le rouleau de papier hygiénique à votre épouse. Gentiment, mais fermement. À elle de jouer, à présent !

LE SILENCE DU DR HERMANN PAULL

– L'absence de commentaire de notre distingué conseiller médical s'explique par le fait que Jean-Louis Festjens a égaré l'unique exemplaire de *La Femme, un traité complet d'initiation* que j'ai eu l'inconscience de lui prêter.

Pierre Antilogus.

– C'est même pas vrai.

Jean-Louis Festjens.

Chapitre 35

BÉBÉ BOUQUINE

C'est l'heure rose saumon où les grands fauves vont boire et où le jeune père revenu au logis savoure sa bière. Les yeux fermés, il ôte ses chaussures du bout du pied, défait son col, s'effondre dans son fauteuil préféré. Instant divin entre tous…

C'est également l'heure où le bambin vadrouille, repu mais pas encore fatigué, conscient de l'arrivée inexorable du moment d'aller au dodo, et cherchant par tous les moyens à repousser ce terme en justifiant aux yeux de sa mère d'une activité trop importante pour être interrompue. Certains se plantent devant la télé. C'est inopérant. Une récente statistique de l'INSEE a prouvé que 78,7 % des jeunes mères ne tenaient aucun compte de cet alibi pour repousser l'heure du dodo.

D'autres enfants se roulent par terre et s'accrochent aux tapis. Mauvaise méthode. Non seulement ils iront tout de même au dodo, mais il y a de surcroît fort à parier que ça fera des histoires.

D'autres enfin viennent s'installer sur les genoux de leur père, un livre à la main. Malin. Très malin…

– Liv', papa…

– Mmh ?
– Liv'. Liv' ! LIV' !!
Intervention de la mère sur le mode : « Tu pourrais tout de même t'occuper un peu de lui. » Regard noir du père exténué par une journée de dur labeur (réu avec la Socavex). Regard confiant du bambin sûr de son charme.
Le jeune père sourit, pose sa bière, empoigne le bouquin. Confiant. À vue de nez, il n'y a qu'une dizaine de pages, ce sera vite fait, pense-t-il. Il se trompe.
Bébé s'installe, ravi, et papa ouvre la première page.
– Oooh ! *(Les jeunes pères béent toujours d'admiration en lisant un bouquin pour bambins.)* Regarde le petit chien…
– Chin.
– Et tu as vu le gros soleil, là ?
– Chin.
– Oui, c'est un petit chien. Il est content, parce qu'il fait beau. Tu vois le beau soleil ?
– Chin.
– Oui, c'est effectivement un chien. Bon… Qu'est-ce que je pourrais dire d'autre…
– Chin.
– Oui, il est beau le petit chien. On regarde la page suivante ?
– Chin ! Chin ! CHIN !!
Désespoir du père devant la résistance acharnée du bambin, qui refuse obstinément de lui laisser tourner la page. Pourtant, que dire de plus sur cette page uniquement illustrée d'un petit chien, orange et noir (nous vous demandons un peu), et d'un gros soleil jaune ? Le doigt de bébé se pose sur le museau de l'animal.
– Chin ?
– C'est le nez du petit chien… Et où il est, le nez de bébé ?

Bébé met son doigt sur son nez. Papa en profite habilement pour tourner la page. Bien joué.

– Oooh ! Le petit chien a rencontré un chat. *(Ben ça alors, pense le jeune père. Quelle surprise ! Dire qu'on paie des gens pour écrire ce genre d'histoires à la con !)*
– Cha.
– Il est beau, le petit chat ?
– Cha.
– Comment il fait le petit chat ?
– Cha.
– Il fait miaou.
– Cha.
– Bon. C'est pas l'heure d'aller au dodo, des fois ?
– Padodo. PADODO ! PADODO !!

Nouvelle intervention de la mère, sur le mode pénible. Lassitude du père, qui décide de passer outre à la banalité de l'histoire et commence à inventer son propre scénario.

– Tu vois, le petit chien non plus, il ne voulait pas faire dodo. Sa méchante maman était très fâchée, et le petit chien s'est sauvé de chez lui. C'est à ce moment-là qu'il a rencontré le petit chat. Mais, manque de bol, le petit chat était une vilaine sorcière qui lui posa une question subtile : « Quelle est la différence entre un chapeau ? » Le petit chien ne put répondre, et la vilaine sorcière-chat le changea en vélo d'appartement. Le petit chien était très malheureux, d'autant plus que personne ne voulait l'acheter.

À ce moment, la maman, attendrie, vient contempler cette touchante scène de famille. Mais le moutard n'en rate pas une.

– Méchante maman !

Et ça fait des histoires…

Comment bien choisir un livre pour bambins

1. Écartez d'emblée ceux dont les pages font moins d'un demi-centimètre d'épaisseur.
2. Évitez ceux qui portent la mention « Marc Dorcel présente », du moins dans les premières années.
3. N'achetez pas le livre qui vous plaît le plus. Évitez les tons pastel, les dessins raffinés, les textes ciselés. Choisissez une histoire débile, des personnages grotesques, des couleurs criardes. Ne perdez pas de vue que bébé n'a aucun goût. BÉBÉ A UN GOÛT DE CHIOTTES !
4. Évitez les fioritures, les gadgets, les pages qui se déplient, les trucs qui font pouêt. Bébé n'en fera qu'une bouchée.
5. À propos de bouchée, goûtez l'encre. N'oubliez pas que bébé suce tout ce qu'on lui donne. Comment choisir ? En regardant l'« achevé d'imprimer », au dos du livre. Passé un an, l'encre risque de ne plus être très fraîche. À éviter.

Pour le reste, sachez qu'un livre imprimé au Portugal risque d'avoir un goût de morue, qu'un italien aura des relents de bolognaise, et qu'un anglais sentira le bœuf à la menthe. On reconnaîtra facilement l'ouvrage français à la subtile saveur de truffe de son encre, apte à aiguiser très tôt le palais du futur gastronome.

Chapitre 36

BÉBÉ JOUE

Que fait bébé lorsqu'il ne dort pas, qu'il ne mange pas ou qu'il ne prend pas son bain, hein ? Il joue. D'où le titre.

N'y voyez aucun mal. Ce n'est pas parce que bébé est joueur qu'il finira forcément enduit de goudron et de plumes, quelque part dans le Far West. Au contraire, les plus grands penseurs de la pédiatrie moderne (Laurence Pernoud, le Dr Cohen-Solal ou Marcel Rufo, sans parler du regretté Dr Hermann Paull) s'accordent à écrire que le jeu est nécessaire au développement harmonieux de l'enfant. Ajoutons que, pendant qu'il joue, un enfant vous fiche en général la paix, ce qui n'est pas négligeable.

Nous ne saurions trop vous conseiller d'observer votre bébé pendant qu'il s'amuse au square. Vous en apprendrez ainsi sur lui-même beaucoup plus qu'il ne pourrait vous en dire, ce qui n'est pas difficile puisqu'il est encore infoutu d'aligner trois mots, le cher ange.

• **Le méticuleux** joue seul dans son coin, avec sa pelle et son seau, sans prêter attention à l'extrême agitation qui règne autour de lui. Le méticuleux n'est pas nécessairement soigneux, ni inventif. Son jeu n'est pas nécessairement intelligent. Certains méticuleux passent des heures à remplir de sable leur seau, puis à le vider pour le remplir à nouveau. C'est dire le niveau…

Son avenir: incertain. Le méticuleux peut devenir entomologiste, correcteur dans une maison d'édition ou sculpteur sur ivoire. Une seule chose est sûre : à un moment ou un autre de son existence, le méticuleux collectionnera des timbres.

• **Le casseur** peut jouer seul ou avec les autres. Peu importe. Ce qui compte, pour lui, c'est de frapper vigoureusement et inlassablement sa pelle contre un caillou quelconque, jusqu'à ce que l'un des deux cède. C'est rarement le caillou.

Fait étonnant, le casseur est rarement content d'avoir cassé son jouet. Certains vont même jusqu'à pleurer. Une seule attitude à adopter en ce cas : lui donner une autre pelle et veiller à ce qu'il ne prenne pas la tête d'un congénère pour un caillou.

Son avenir : pitoyable. Dans le meilleur des cas, cette manie de taper sur tout ce qu'il voit peut faire de lui un forgeron (métier en perte de vitesse) ou un CRS. Il y a hélas fort à parier que le misérable bambin finira sa vie comme il l'a commencée : en cassant des cailloux. Dans un pénitencier.

• **Le peureux** ne s'éloigne jamais de sa mère de plus d'un mètre cinquante. Moins, s'il y a des gros chiens dans le square. Pour ne pas se faire remarquer, le peureux fait semblant de jouer, mais les regards incessants qu'il jette autour de lui pour surveiller la trajectoire imprévisible des autres mômes l'empêchent de se concentrer sur ce qu'il fait.

Son avenir : médiocre. Sous-chef de bureau, sous-secrétaire d'État, sous-préfet, le peureux hésitera toujours à se mettre en avant et à prendre des décisions. Surtout s'il y a des gros chiens à proximité.

• **Le prudent** n'est pas, contrairement à ce qu'on pourrait croire, une variété de peureux. Il s'agirait plutôt d'un méticuleux en déplacement. Le prudent peut courir, sauter, faire des bêtises. Mais, contrairement aux autres bambins qui n'hésiteront pas à se faire mal à tout bout de champ, le prudent saura freiner à temps, emprunter l'escalier plutôt que de se jeter du haut du mur, s'arrêter à quelques mètres du gros chien, choisir le moins pentu des toboggans.

Son avenir : nul ne peut prévoir l'avenir d'un prudent. Il est cependant certain qu'il ne sera *pas* pilote de course, mercenaire, cascadeur ou convoyeur de fonds. Quoi qu'il arrive, il est d'autre part prévisible que le prudent ne téléphonera jamais au volant de sa voiture. Ce qui lui évitera de perdre des points. Le prudent est prudent.

• **L'inconscient** est le frère maudit du prudent. Souvent entraîné par ce dernier, le malheureux inconscient n'a pas l'esprit assez vif pour réaliser qu'il va droit à la catastrophe. Et il se casse la figure dans les graviers. Et il tombe du haut du mur, en plein sur le gros chien. Et il s'écrase au pied du toboggan.

Son avenir : improbable. S'il survit jusque-là, l'inconscient s'engagera certainement dans les marines et se portera volontaire pour une mission spéciale à Kaboul, déguisé en pope. Et nul n'entendra plus jamais parler de lui.

• **Le jaloux,** quelle que soit son activité, ne tolère pas qu'un autre bambin s'approprie l'un ou l'autre des joujoux qu'il a emportés au square : son camion, sa pelle, ses petites voitures ou sa maman. Le jaloux entre alors dans une colère noire. S'il s'agit d'un garçon, il donne des coups de pied, secoue l'autre comme un prunier, hurle. S'il s'agit d'une fille, elle griffe, telle la panthère aux yeux cruels.

Dotés d'un sens moral très personnel, les jaloux n'hésitent guère, par ailleurs, à s'approprier les joujoux d'un congénère. Si ce dernier est également un jaloux, il sera prudent de changer de square.

Son avenir : brillant. Le jaloux s'approprie tout et ne donne rien. Partant de ce vigoureux principe, le jaloux peut devenir chef d'entreprise, ministre des Affaires sociales ou trader. Il est donc déconseillé de réprimander un jaloux si l'on souhaite s'assurer une vieillesse heureuse.

• **Le charmeur** passe son temps à prendre des poses et à faire les yeux doux aux autres mères quand la sienne est épuisée. Que veut-il ? Des gâteaux.

Son avenir : assuré. La période gâteaux n'aura qu'un temps. Après, s'il est beau garçon, il deviendra

Chippendale. Si elle est canon, elle deviendra escort-girl. Le drame, pour un charmeur, est d'être laid. Un charmeur laid comme un pou n'obtient pas le moindre gâteau, et se rend de surcroît ridicule. Quant à son avenir de Chippendale ou d'escort, il est franchement compromis.

• **Le coureur de fond**, enfin, vient au square pour se dépenser. Inlassablement, il trottine, pousse son petit cheval, tire son camion, pédale sur son mini-vélo, sans prêter la moindre attention à ses congénères, sauf s'ils trottinent également, dans le même sens que lui, et font mine de le doubler. Dans ce cas, les coureurs de fond accélèrent.

Son avenir : épuisant. Pour le coureur de fond, la vie ne sera qu'un long fleuve tumultueux, parsemé d'épreuves, d'obstacles, de défis. Mais le coureur de fond tiendra bon. Serrera les dents. Vas-y, le coureur de fond. Bon petit gars, va…

OÙ L'ON ENTEND À NOUVEAU PARLER DU DR HERMANN PAULL

– L'ouvrage de notre distingué conseiller médical, *La Femme, un traité complet d'initiation*, prétendument égaré par ma faute, vient d'être retrouvé chez Antilogus : il servait de cale à son bureau. C'est ignoble !

Jean-Louis Festjens

– C'est même pas vrai.

Pierre Antilogus

Chapitre 37

BÉBÉ ET LA TECHNOLOGIE

Globalement peu doué, bébé dissimule pourtant dans les rares replis de son cerveau presque lisse un véritable don, celui de comprendre instantanément le fonctionnement de tout appareil électronique pourvu de petites lumières qui clignotent. Bébé adore les petites lumières qui clignotent.

L'origine de ce don est encore mal connue, mais une chose est certaine : il ne s'agit pas d'un héritage parental. Et encore moins d'un héritage grand-parental. La preuve : demandez à vos propres parents de programmer votre décodeur numérique, pour voir. Ou à votre femme. Ou à vous-même…

Bébé, lui, ne se tromperait pas.

Au début, vous trouviez ça plutôt amusant. Vous étiez dans la cuisine, et l'*Adagio* d'Albinoni s'est mis à résonner dans l'appartement. Bébé avait allumé l'ampli et le lecteur MP3, réglé le son, trifouillé le bazar. Vous n'y aviez pas pris garde. Puis il s'est levé la nuit pour se passer un dessin animé sur YouTube. Puis il a fait un meilleur score que vous à *Mortal Warfare III – Sniper dans les ruines de Kaboul.* Puis il a réparé le grille-pain. Et maintenant vous avez un peu peur.

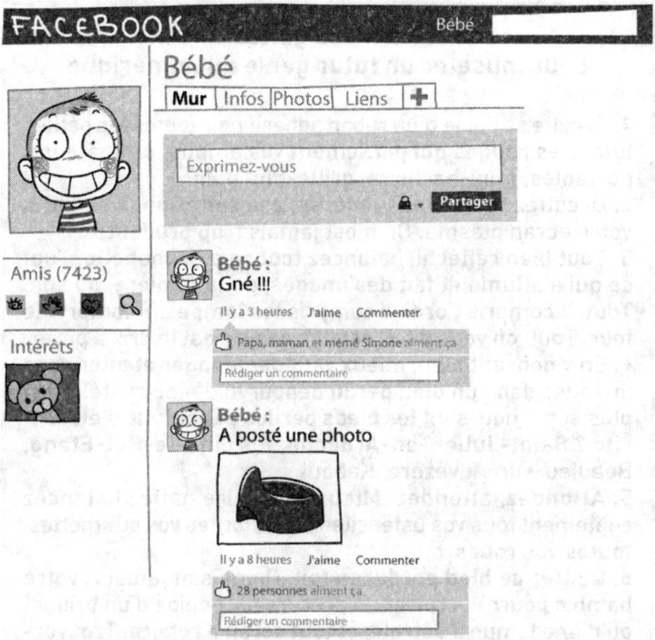

Que faire ?

Tout dépend de ce que vous souhaitez pour son avenir.

Si vous voulez qu'il devienne dépanneur chez Darty, laissez courir.

Si vous aviez envisagé qu'il soit poète ou coiffeur, réagissez.

Plan d'urgence
pour museler un futur génie du numérique

1. Occultez à l'aide d'un ruban adhésif noir toutes les petites lumières rouges qui parsèment vos amplis, ordinateurs, portables, mini-hachoirs, grille-tout pain.
2. Occultez toutes les lumières, à la réflexion. Y compris votre écran plasma. On n'est jamais trop prudent.
3. Tout bien réfléchi, balancez tout ça à la poubelle. Tout ce qui s'allume et fait des images, de la lumière, du son. Tout. Y compris l'ordi. Y compris les lampes. Y compris le four. Tout, on vous dit. C'est dur, mais c'est le prix à payer.
4. En y pensant bien, mieux vaut déménager et aller vous installer dans un bled perdu dépourvu d'électricité. C'est plus sûr. Quels sont les bleds perdus dépourvus d'électricité ? Saint-Julien-en-Ardèche, Porcine-le-Bel-Étang, Beaujeu-sur-Auvézère, Kaboul.
5. Attendez, attendez. Mieux vaut faire gaffe : balancez également tous vos ustensiles à gaz, toutes vos allumettes, toutes vos roues.
6. Quittez ce bled perdu, en fait. On ne sait jamais : votre bambin pourrait croiser un précurseur équipé d'un briquet ou d'une lampe à pétrole, et tout serait à refaire. Trouvez-vous une bonne vieille grotte, c'est plus sage.
7. Une bonne vieille grotte dépourvue de tout silex, bien sûr.
8. Toi content, maintenant. Fils aucun danger devenir génie numérique. Ongowa, ongowa !

Chapitre 39

BÉBÉ DESSINE

L'activité artistique a trop longtemps été négligée. Peintre instinctif, bébé exprime dans ses œuvres une sorte de désarroi méticuleux qui nous fait invariablement penser à Miró. Un sens de la couleur très personnel – qui n'est pas sans évoquer Van Gogh – lui permet de se moquer des préjugés petits-bourgeois et de colorier allègrement un ciel en rouge. Surtout s'il ne dispose plus de crayon bleu. Son trait sûr et vigoureux – qui rappelle les meilleurs Max Ernst – s'éloigne volontairement de toute notion figurative. BÉBÉ N'EST PAS FIGURATIF.

Mais assez papoté.

Nous avons rassemblé dans les pages qui suivent quelques-unes des plus admirables pièces de la collection Vanderbilt, que le public du Grand Palais pourra bientôt découvrir.

Le chien

Œuvre du petit Hugo F.

L'élégance du trait se conjugue avec le délié des courbes, pour donner à l'œuvre une vigoureuse amplitude, s'écartant résolument des sentiers battus de l'académisme.

(Ramon Figueira, *Corriere de La Paz*)

La Maison à la fleur

Œuvre de la petite Marie A.

Une émergence des lignes hardiment moderniste, rythmée par le soubassement d'une structure tectonique primaire. L'œuvre interpelle, dérange et séduit.

(Arnold McMillan, *The Boston Review*)

Le Cheval

Œuvre du petit Cédric C.

Un travail besogneux, pompier, dénué de toute imagination créatrice mais admirable, quoique assez mauvais.

(Raymond Ballu, *La Lettre de Pithiviers*)

Chapitre 38

QUELQUES SAINS PRINCIPES D'ÉDUCATION

LE RETOUR DU DR HERMANN PAULL

Il est extraordinairement difficile à la majorité des parents de se faire une idée exacte des dons impartis à leur enfant. C'est le père, le plus souvent, qui est particulièrement enclin à prendre ses désirs pour des réalités. D'amères déceptions en résultent habituellement.

LA RÉPONSE NAVRÉE DES AUTEURS

Tout ça pour en arriver là. Salaud.

Il s'agissait jusqu'à présent d'élever un bébé. Il va maintenant falloir éduquer un petit enfant. Qui, mieux qu'un père, pourrait s'acquitter avec bonheur d'un devoir aussi capital ? Qui d'autre mieux que vous, fidèle bon garçon ?

Votre grand sens moral, votre hauteur de vue, votre vaste expérience de la vie vous désignent pour ce rôle, et aussi le fait que votre femme ne peut franchement pas se consacrer en même temps à l'élévation de la jeune âme et à l'accomplissement bien compris des menues tâches domestiques, certes ingrates mais ô combien nobles ! En clair, c'est à vous de jouer. Une fois de plus.

Bien sûr, il faudrait un autre livre pour traiter à fond d'un sujet aussi essentiel, mais quelques aperçus honnêtes ne vous feront déjà pas de mal, au cas justement où vous répugneriez, rapiat comme vous l'êtes, à vous offrir un autre bouquin sur la question. Non, ne nous remerciez pas. Nous ne faisons que notre damné boulot.

Quels seront les buts sacrés d'une éducation digne de ce nom ? Il vous faudra d'abord, cher monsieur, enseigner au petit être comment on domine ses instincts, le préparer à la maîtrise de soi-même. Pour ce faire, vous aurez recours aux cinq préceptes bien connus de l'antique sagesse, que nous citerons pour mémoire.

1. On ne met pas ses doigts dans son nez.
2. On ne noue pas sa serviette de table autour de son cou.
3. On ne frappe pas un homme à terre, encore moins une bête.
4. On ne baise pas la main d'une femme voilée, ni celle de son père, sauf pour une demande en mariage.
5. On ne porte pas de chaussettes bleu marine avec des sandales marron.

L'autre grande affaire sera d'apprendre au bambin à distinguer entre le Bien et le Mal, et, tant qu'on y est, entre l'Assez bien et le Pas trop mal, entre le Passable et le Peut mieux faire. S'il ne distingue pas, payez-lui des lunettes.

Nous ne connaissons pas vos croyances, ami lecteur, ni vos choix politiques, idéologiques, philosophiques, et, très sincèrement, nous n'en avons rien à foutre. Nous ne tenons pas à les connaître. Nous vous conseillons à tous pareillement de raconter à votre enfant la vie des hommes et des femmes illustres et universellement reconnus comme tels : Ferdinand Jambard, Corinne Bouvier, Djamel Ben Slimane, Henri XII, François II et toute la foutue bande. L'exposé minutieux de ces grands exemples, le récit imagé et vivant de ces destinées hors du commun seront de nature à captiver les imaginations, à bonifier les cœurs et à façonner durablement les jeunes cervelles. C'est garanti.

Laissons de côté les objets plus secondaires de l'enseignement paternel (conduite sportive, initiation à la Wii, approches de green, connaissance du bordeaux, etc.) et venons-en directement aux deux principales fautes éducatives qu'il s'agit d'éviter dès le dix-huitième mois, à savoir le laxisme et l'excès de discipline. Où vous situez-vous entre ces deux écueils également redoutables ? Quel type de jeune père êtes-vous ? Rien de plus facile à apprendre. Il n'y a jamais que trois situations possibles :

1. Si, lorsque vous pénétrez dans une pièce de la maison, les conversations s'interrompent net, si votre fille ou votre fils se met à pleurer en vous apercevant, si votre épouse baisse les yeux, si les autres personnes présentes refluent en désordre vers les issues et sautent par les fenêtres, si des galopades apeurées résonnent dans les couloirs, si l'ombre de votre silhouette projetée sur le mur vous rappelle celle de Ben Laden, si vous ne découvrez autour de vous que des visages blêmes, hagards et terrorisés, alors il y a peu de place pour le doute : vous êtes trop sévère.

   Détendez-vous, mon vieux. Faites du sport. Si vous ne relâchez pas un peu la pression, vous ne serez plus bientôt qu'un jeune divorcé solitaire, et ce sera bien fait pour ta gueule, hé, connard !

2. Si le niveau sonore est tel dans votre salon qu'il vous faille hurler pour vous faire entendre de votre femme, si la présence du petit être dans votre champ visuel devient obsédante, s'il se comporte comme un énorme moustique de douze kilos impossible à chasser, s'il vous crie sans cesse dans les oreilles, s'il vous marche sur la tête pendant que vous essayez de lire vos mails, si personne ne tient le moindre compte de vos avis dans la maudite baraque, alors c'est que vous êtes un vrai paillasson, cher monsieur. Un nullard. Un mou. Un lâche.
   Réagissez, nom de Dieu ! Vous n'êtes tout de même pas une gonzesse, quoi ! Serrez les boulons. Remettez les pendules à l'heure. Vissez-moi tout ça un bon coup. Sachez bien que si le fichu gamin ne vous respecte pas aujourd'hui, il vous tabassera demain !
3. Si, quand vous rentrez à la maison après une journée de travail harassante dans les tréfonds de la jungle urbaine, votre enfant court vers vous en riant, s'il se pend à votre cou avec des cris de joie, si vous lisez dans son regard qu'il est heureux que vous soyez là, si votre cœur se serre d'émotion rien qu'à le voir, si vos soucis s'effacent comme par miracle et si vous vous sentez partir avec lui, loin en arrière, très loin, dans les brumes magiques de votre propre enfance, alors tout est normal. Tout va bien.
   Vous n'avez pas besoin du moindre conseil d'éducation. Vous êtes un bon jeune père. Un excellent jeune père. Le jeune père que tous les enfants du monde aimeraient avoir, sacré chic type !

LE POINT D'ORGUE DU DR HERMANN PAULL

La plus lourde des erreurs éducatives est celle que font les parents quand ils considèrent leur enfant comme un élément prodigieusement bon, doué et extraordinaire, et qu'ils le lui laissent voir. Les enfants ont un instinct diabolique pour détecter les faiblesses de leurs éducateurs.

L'ADIEU DES AUTEURS

Merci pour tout et repose en paix, Hermann.

Chapitre 40
FAUT-IL EN FAIRE UN AUTRE ?

La question se pose le plus souvent dans les dix-huit à trente mois suivant la naissance du premier enfant. Passé cette période, remettre le couvert, repiquer aux couches, replonger dans l'enfer des nuits blanches et des chauffe-biberons semble au-dessus des forces de tout être humain normalement constitué.

QUAND ON TOMBE DE CHEVAL, IL FAUT IMMÉDIATEMENT REMONTER EN SELLE, écrivait Lao-tseu.

Il n'avait pas tort.

Mais réalisait-il, ce brave Chinois, que sa puissante maxime s'appliquait également au sujet qui nous préoccupe[1] ? Le réalisait-il, hein ? Peu importe.

Nos lecteurs les moins vifs se demanderont peut-être où nous voulons en venir. Faut-il remonter sur bébé quand on tombe de bébé ? Mais comment monter sur bébé, s'interrogent-ils, pleins d'angoisse ? Qu'ils se rassurent, ce n'était qu'une image. Et qu'ils aillent plutôt lire un bouquin qui en soit rempli. D'images.

Bref.

---

1. Les bébés.

PÈRE QUI NE NIQUE, ENFANT UNIQUE (proverbe gascon du XIIe siècle).

À la lumière de ce robuste axiome, n'hésitez pas, jeunes pères, à entreprendre madame dans la plus pure tradition gauloise, c'est-à-dire chaque samedi soir, très vite et en éteignant la lumière. Avec un peu de persévérance, un heureux événement, source de joies ineffables, devrait à nouveau illuminer votre terne existence d'ici à quelques mois.

Car, vous l'avez deviné, nous estimons effectivement qu'il faut en avoir un autre. Et cela pour plusieurs excellentes raisons :

• Parce qu'il faut bien rentabiliser le monceau de matériel et de vêtements que vous avez acheté pour le premier.

• Parce que deux enfants font une part entière à soustraire de votre déclaration d'impôts.

• Parce que vous avez eu un garçon, et que votre femme aimerait bien avoir une fille.

• Ou le contraire.

• Parce que ça ferait plaisir à votre mère.

• Parce que l'excellent Dr Hermann Paull considère que les enfants uniques sont un danger pour le monde civilisé.

• Parce que ça occupe votre femme qui, pendant ce temps, ne va pas au bistrot.

• Parce que, grâce à la vigoureuse action de l'A.E.C.P., le congé paternité durera onze mois d'ici la naissance de votre second bambin.

• Parce que la paternité est une source de joies ineffables.

Notes pratiques

Pour plus de renseignements, le lecteur se reportera utilement aux ouvrages mentionnés ci-dessous :
Les Structures élémentaires de la parenté, de Claude Lévi-Strauss, PUF, 1949.
Essai de métaphysique eschatologique et scatologique, acte créateur et pot, de Nicolai Berdaieff, Seghers, 2007.
Caca, pipi et les autres, de Christine Anpot, Grasset, 2006.
Berceuse pour Bérurier, de San-Antonio, Fleuve noir, 1960.

FILMOGRAPHIE

L'Éducation de Rita (Grande-Bretagne, 1983, 115 min, comédie)
Un film de Lewis Gilbert avec Michael Carné et Julie Walters.
Un professeur alcoolique éduque la jeune Rita. C'est du propre.
La Parole (Suède, 1943, 100 min, guerre)
Un film de Gustaf Molander avec Rune Lindström, Wanda Rothgardt et Renaud Bombard.
Un vieil homme exploite une ferme avec ses fils. C'est du propre.
Tais-toi quand tu parles ! (France, 1981, 90 min, western)
Un film de Philippe Clair avec Aldo Maccione et Edwige Fenech.
Un capitaine de marine marchande soupçonne que son bateau est le théâtre d'une affaire d'espionnage. Zembla délivre la reine des Bombasso, mais le jeune McDouglass a un défaut de prononciation. Heureusement, le 7e Marine arrivera à temps. C'est du propre.

Sixième partie

DE TRENTE MOIS À TRENTE ANS

Le temps ride la peau des hommes et polit celle des pneus.

Paul Morand

Soyons lucides : plus le temps passe, moins votre bébé apprécie que vous l'appeliez ainsi. Vous ne nous croyez pas ? Un simple test saura vous en convaincre : téléphonez au bureau de votre bébé et dites : « Ici monsieur Champeytaud[1]*. Pourrais-je parler à mon grand bébé, s'il vous plaît ? » Dès qu'on vous aura passé ce dernier, prêtez attention au ton de sa voix. N'y décelez-vous pas une trace d'agacement ? Mais si, voyons !*

La cause est entendue : de trente mois à trente ans, le bébé n'aime guère qu'on l'appelle bébé. Passé trente ans, certains anciens bébés se font à nouveau appeler ainsi, dans l'intimité, par leur conjoint. Mais peu importe, de toute façon vous êtes hors du coup.

Et puis, regardez-vous dans une glace : ces trente mois de nuits blanches, d'efforts en tout genre, de risettes et de pédagogie incessante vous ont changé, c'est un fait. Qu'est devenu le futur jeune père naïf qui posait un œil niais sur la première ligne de ce volume ? Est-ce bien lui, ce héros au sourire si doux, à la main ferme et au regard d'acier dans un gant de velours ?

Il est temps de refermer ce livre, vieux camarade. Vous n'êtes plus un jeune père.

---

1. Si vous ne vous appelez pas Champeytaud, ce test ne peut malheureusement pas vous convenir. Nous en sommes navrés.

conception
réalisation
mise en page
pca

44405 Rezé cedex

POCKET - 12, avenue d'Italie - 75627 Paris Cedex 13

Dépôt légal : juin 2013
S22111/01